电动汽车维修从入门到精通

马思驰　主编

电子工业出版社
Publishing House of Electronics Industry
北京·BEIJING

内 容 简 介

全书分为上下两篇，共 21 章，以行业规范为依据，注重知识性、系统性、实用性的结合，用直观的方式将有用的内容呈献给读者朋友。

上篇为"电动汽车结构与原理"，第 1 章至第 5 章主要介绍各类新能源汽车的结构特点与工作模式（原理）；第 6 章至第 10 章主要介绍电动汽车的动力系统，动力系统是电动汽车的核心及关键技术所在，了解和掌握其结构及技术特性、工作原理对维修工作十分重要；第 11 章择要介绍了电动汽车的底盘传动、能量回收、电动助力转向及电动驻车制动系统的结构与原理；第 12 章讲述了车身电气系统的电路图识读基础，电动空调系统、智能座舱与自动驾驶、整车控制与车身控制及车载网络系统的组成与原理。

下篇为"电动汽车的保养与维修"，主要讲述电动汽车保养与维修的实操步骤、方法及要点。

本书以"全彩图解"的形式向读者讲解电动汽车结构与原理方面的基础知识，传授电动汽车维修的实用技术。为加深读者的印象，提高学习效率，本书还专门配套了"演示动画"与"教学视频"。

本书内容系统全面，浅显易懂，特别适合电动汽车维修初学者使用，也可作为汽车职业院校、技术学校等新能源汽车专业学生的教材，同时适合电动汽车拥有者与驾驶员参考使用。

未经许可，不得以任何方式复制或抄袭本书之部分或全部内容。
版权所有，侵权必究。

图书在版编目（CIP）数据

电动汽车维修从入门到精通 / 马思驰主编. —北京：电子工业出版社，2023.5
ISBN 978-7-121-45429-5

Ⅰ.①电… Ⅱ.①马… Ⅲ.①电动汽车－车辆修理 Ⅳ.① U469.720.7

中国国家版本馆 CIP 数据核字（2023）第 067332 号

责任编辑：管晓伟
文字编辑：杜　皎
印　　刷：北京宝隆世纪印刷有限公司
装　　订：北京宝隆世纪印刷有限公司
出版发行：电子工业出版社
　　　　　北京市海淀区万寿路 173 信箱　邮编：100036
开　　本：787×1092　1/16　印张：16.75　字数：429 千字
版　　次：2023 年 5 月第 1 版
印　　次：2024 年 11 月第 5 次印刷
定　　价：100.00 元

凡所购买电子工业出版社图书有缺损问题，请向购买书店调换。若书店售缺，请与本社发行部联系，联系及邮购电话：(010) 88254888，88258888。

质量投诉请发邮件至 zlts@phei.com.cn，盗版侵权举报请发邮件至 dbqq@phei.com.cn。
本书咨询联系方式：(010) 88254460，guanxw@phei.com.cn。

FOREWORD

前言

2022年4月3日，比亚迪汽车公司正式宣布，自2022年3月起停止燃油汽车的整车生产。2022年6月8日，欧盟宣布，从2035年开始在欧盟境内停止销售新生产的燃油汽车，包含混合动力汽车。福特公司宣布，到2026年年中，欧洲的所有福特乘用车系列将实现零排放，到2030年将完全实现电动化。丰田公司计划在2030年在中国、欧洲、北美地区实现100%的车辆纯电动化。宝马公司将于2030年开始在欧盟停止销售燃油汽车。大众汽车公司将会在2035年在欧洲市场停售燃油汽车。通用汽车公司计划从2035年开始停售燃油汽车，并在同年将旗下的产品过渡到零排放汽车，以及纯电动汽车。本田公司计划在2040年停售燃油汽车。毫无疑问，传统燃油汽车被电动汽车取代已是大势所趋。而从燃油汽车维修向电动汽车维修的技术转变，成为每一个从业人员不得不面对的课题。

从维修传统燃油汽车转变到维修电动汽车，并没有多大困难，特别要关注的就是高压电的安全问题及高压系统与部件的维修诊断技术。

如果操作不当，高压电会危及接触者的生命。当然，我们也不用谈"电"色变，因此却步不前。只要遵守"用正确的工具和正确的方法去做正确的事情"的原则，维修电动汽车的作业安全问题也将不再是问题。

与传统燃油车型相比，新能源汽车很多系统及总成部件，其构造原理，拆装检测及维修方法都是相同的。例如，插电式混合动力发动机，变速器，底盘传动、行驶、转向及制动系统，车身电器及车身构件等。

纯电动汽车相比燃油汽车结构更加简单,去除了发动机与变速器总成,换上一套高压系统,而插电式混合动力汽车是在燃油汽车的基础上加了一套高压系统,成为燃油汽车与电动汽车的混合体。这样的汽车结构看起来比燃油汽车复杂,但只要我们区别对待,将高压系统单独处理,事情就没有那么复杂了。

本书适合电动汽车维修人员,内容涉及电动汽车结构、原理与保养维修等方面,可以说是相关从业人员及汽车职业院校、技术学校新能源汽车专业师生的"充电宝"。

本书由马思驰主编,参加编写的人员还有朱如盛、彭斌、彭启凤。在编写过程中,编者参考了大量厂家技术文献和网络公开信息资料,在此向这些信息资料的原创者表示衷心的感谢。

由于涉及资料众多,技术新颖,加上编者水平有限,错漏之处在所难免,还请广大读者批评指正,以使本书在再版修订时更为完善。

编者

2022 年于羊城

电动汽车维修从入门到精通

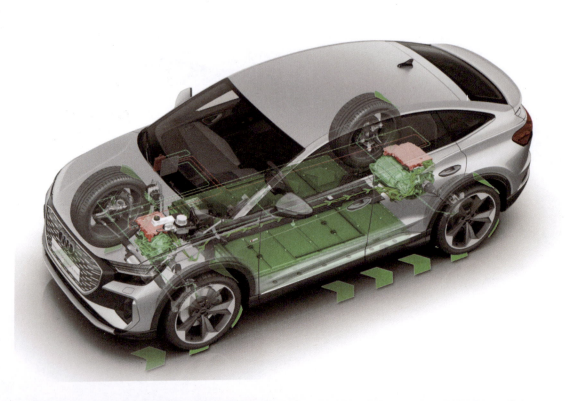

目录

上篇　电动汽车结构与原理

第1章　电动汽车概述　/2

1.1　电动汽车结构特点　/2

1.2　电动汽车常见类型　/3

第2章　电动汽车（EV）　/6

2.1　纯电动汽车（BEV）/6
  2.1.1　总体结构　/6
  2.1.2　工作原理　/7

2.2　增程式电动汽车（REEV）/8
  2.2.1　总体结构　/8
  2.2.2　工作原理　/10

第3章　插电式混合动力汽车（PHEV）　/11

3.1　插电式混合动力汽车构造　/11

3.2　插电式混合动力汽车原理　/12

第4章　油电混合动力汽车　/15

4.1　概述　/15
  4.1.1　混合动力概念　/15
  4.1.2　混合动力类型　/15

4.2　完全混合动力汽车　/21
  4.2.1　典型完全混合动力系统结构
    特点　/21
  4.2.2　完全混合动力系统的不同类型　/21

4.3　轻度混合动力汽车　/24
  4.3.1　轻度混合动力系统结构特点　/24
  4.3.2　轻度混合动力系统工作原理　/25

第 5 章　燃料电池电动汽车　/ 27

5.1　燃料电池电动汽车构造　/ 27
5.2　燃料电池电动汽车原理　/ 29

第 6 章　动力电池　/ 31

6.1　电池概述　/ 31
  6.1.1　蓄电池结构与原理　/ 31
  6.1.2　车用高压电池类型　/ 31
6.2　三元锂电池　/ 32
6.3　磷酸铁锂锂离子电池　/ 34
6.4　镍氢电池　/ 36
6.5　燃料电池　/ 38

第 7 章　充配电系统　/ 40

7.1　充配电系统概述　/ 40
7.2　交流、直流充电系统　/ 44
7.3　DC/DC 转换器　/ 47

第 8 章　电池管理系统　/ 48

8.1　系统工作原理　/ 48
8.2　电池温度管理　/ 50

第 9 章　电驱系统　/ 54

9.1　电机基本结构与原理　/ 54
9.2　电机类型与特性　/ 55
9.3　永磁同步电机　/ 57
9.4　异步感应电机　/ 58
  9.4.1　部件结构　/ 58
  9.4.2　电机原理　/ 58
9.5　电机控制器　/ 60
9.6　电驱冷却系统　/ 63

第10章　混合动力系统　/ 64

10.1　丰田混合动力系统　/ 64
10.2　本田混合动力系统　/ 65
10.3　通用混合动力系统　/ 66
10.4　比亚迪 DM-i 系统　/ 68

 第11章　底盘系统　/ 71

11.1　纯电传动系统　/ 71
11.2　混合动力传动系统　/ 72
11.3　能量回收系统　/ 76
11.4　电动助力转向　/ 77
11.5　电动驻车制动　/ 77

 第12章　车身电气系统　/ 79

12.1　电路图识读　/ 79
　12.1.1　电路的构成元素　/ 79
　12.1.2　导线类型与表示法　/ 80
　12.1.3　接插件编码方法　/ 82
12.2　电动空调系统　/ 83
　12.2.1　电动汽车制冷系统　/ 83
　12.2.2　电动汽车加热系统　/ 84
　12.2.3　热泵空调系统　/ 84
12.3　智能座舱　/ 90
12.4　自动驾驶　/ 92
12.5　整车控制系统　/ 94
12.6　车身控制系统　/ 95
12.7　车载网络　/ 96

下篇　电动汽车保养与维修

 第13章　高压安全与作业规范　/ 104

13.1　高压安全概述　/ 104
　13.1.1　高压电危害　/ 104
　13.1.2　高压安全策略　/ 105
13.2　高压解除与启动　/ 108
13.3　高压互锁电路　/ 109
13.4　高压防护　/ 110
　13.4.1　高压部件标识　/ 110
　13.4.2　高压作业工具　/ 110
　13.4.3　高压作业规范　/ 112
13.5　触电急救　/ 113

第14章 检查与维护 / 115

- 14.1 检测工具使用 /115
  - 14.1.1 数字万用表 /115
  - 14.1.2 数字兆欧表 /116
  - 14.1.3 相位测试仪 /118
- 14.2 常规检查 /120
  - 14.2.1 高压绝缘电路检测 /120
  - 14.2.2 高压互锁电路检测 /124
- 14.3 保养项目 /126
- 14.4 基本维护 /127

第15章 动力电池维修 / 134

- 15.1 电池维护 /134
- 15.2 电池拆装 /137
- 15.3 电池检测 /139
- 15.4 电池故障排除 /143

第16章 充配电系统维修 / 147

- 16.1 高压配电箱拆装 /147
- 16.2 高压配电箱故障排除 /151
- 16.3 交流充电部件拆装 /152
- 16.4 交流充电故障排除 /154
- 16.5 直流充电部件拆装 /158
- 16.6 直流充电故障排除 /162
- 16.7 DC/DC 转换器故障排除 /166

第17章 电池管理系统维修 / 170

- 17.1 电池管理系统部件拆装 /170
- 17.2 电池管理系统故障排除 /171
- 17.3 电池管理系统故障诊断 /173

第18章 电驱系统维修 / 176

- 18.1 驱动电机拆装 /176
- 18.2 驱动电机检测 /178
- 18.3 电驱系统拆装 /180
- 18.4 电机控制器电路检测 /186
- 18.5 电驱系统故障排除 /188
- 18.6 冷却系统部件拆装 /189
- 18.7 冷却系统故障排除 /192

第 19 章 混合动力系统维修 / 195

- 19.1 丰田混合动力系统部件拆装 / 195
- 19.2 丰田混合动力系统故障排除 / 196
- 19.3 本田混合动力系统部件拆装 / 200
- 19.4 本田混合动力系统齿轮组系统故障排除 / 203
- 19.5 通用混合动力系统部件拆装 / 207
- 19.6 通用混合动力系统故障排除 / 213

第 20 章 底盘系统维修 / 215

- 20.1 电动汽车减速器拆装 / 215
- 20.2 电动汽车减速器故障排除 / 217
- 20.3 混合动力汽车变速器拆装 / 218
- 20.4 混合动力汽车变速器故障排除 / 221
- 20.5 能量回收系统故障诊断 / 224
- 20.6 电动助力转向系统故障诊断 / 225
- 20.7 电子驻车制动系统故障诊断 / 228

第 21 章 车身电气系统维修 / 230

- 21.1 空调系统部件拆装 / 230
- 21.2 电动空调故障排除 / 232
- 21.3 电动空调系统故障诊断 / 234
- 21.4 车机部件拆装 / 236
- 21.5 车机系统总成检测 / 238
- 21.6 车机系统故障排除 / 240
- 21.7 自动驾驶系统部件拆装 / 240
- 21.8 自动驾驶系统故障排除 / 243
- 21.9 整车控制系统故障诊断 / 246
- 21.10 车身控制系统故障诊断 / 251
- 21.11 车载网络系统故障诊断 / 252

附录 A 常见电动汽车英文缩写术语释义 / 254

参考文献 / 258

上篇　电动汽车结构与原理

第1章
电动汽车概述

1.1　电动汽车结构特点

电动汽车最突出的特点表现在动力系统使用电机，而非发动机。纯电动汽车完全由动力电池提供能源（电能）；插电式混合动力及油电混合动力汽车则采用燃油（一般为汽油或柴油）和电池作为双重能源（热能与电能），车辆行驶时视需要单独或叠加使用

电动车与燃油车的对比

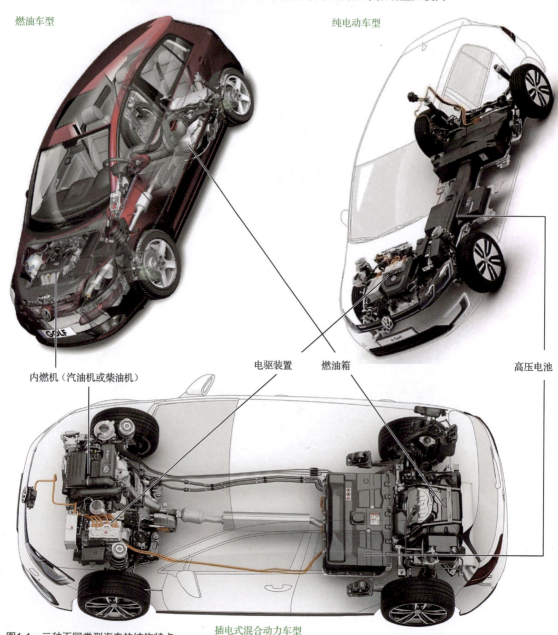

图1-1　三种不同类型汽车的结构特点

能量来源。图1-1所示为三种不同类型汽车的结构特点。电动汽车与传统燃油汽车结构上显著的不同在于，燃油汽车上的发动机被替换为电驱装置（驱动电机+电机控制器），燃油箱被替换为动力电池。由于电机转速直接可控，所以电动汽车的变速器也得以简化。另外，四驱型汽车的前后桥动力传递也无须由中间传动轴或分动器来完成，前后电驱装置就可以实现单独控制。

1.2 电动汽车常见类型

电动汽车指的是所有使用电能驱动的车辆，包括用蓄电池（以下简称"电池"）驱动的车辆和混合动力车辆或搭载燃料电池的车辆。

全部或部分由电机驱动，并配置大容量电能储存装置的汽车统称为电动汽车（electric vehicle，EV），包括纯电动汽车（battery electric vehicle，BEV）、混合动力电动汽车（hybrid electric vehicle，HEV）和燃料电池电动汽车（fuel cell electric vehicle，FCEV）三种类型。电动汽车常见类型如图1-2所示。

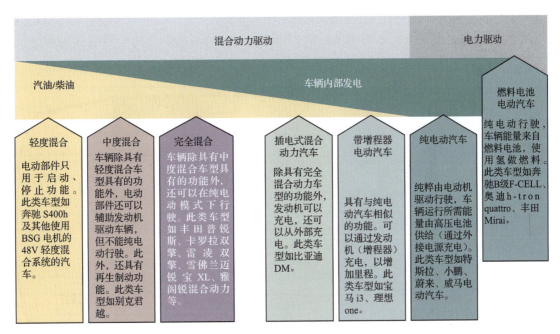

图1-2 电动汽车常见类型

汽车的混合动力系统一般可以分为以下四种：串联式、并联式、混联式和混串联式。

串联式混合动力系统即配备增程器的电动车型，其结构特点可参考本书2.2节的内容。

在并联式混合动力系统中，发动机和电机均直接转动车轮。在车辆行驶过程中，除为发动机补充动力外，电机还可作为发电机为高压电池充电。此种车型也可仅使用电机驱动，其组成部件如图1-3所示。

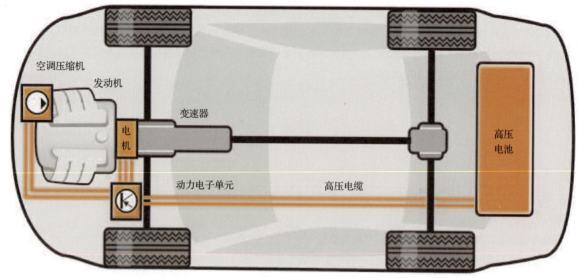

图1-3　并联式混合动力系统结构

以大众混合动力驱动系统为例，图1-4为高尔夫6双驱插电式混合动力系统结构示意图。该车型采用混联式混合动力系统，搭载两个电机。其中一个电机专门用作交流发电机或启动机（马达），另一个电机用作电动机和交流发电机。两个电机和发动机通过离合器相互连接。

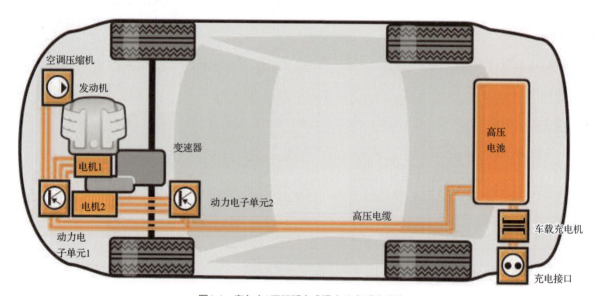

图1-4　高尔夫6双驱插电式混合动力系统结构

以宝马i8为例，该车型应用了车桥独立式混合动力系统。这种创新型驱动方案在车上组合使用了两种高效的驱动装置，由一个高效的三缸汽油机配合一个6挡自动变速器进行后桥驱动，由一个电机配合一个2挡手动变速器进行前桥驱动，其驱动部件分布如图1-5所示。两个驱动装置巧妙配合，使车辆兼具跑车的动力性能和紧凑型汽车的效率。

宝马汽车上首次采用的这种车桥混合动力形式在没有附加组件的情况下实现了可独立调节的四轮驱动系统。前部和后部驱动力矩相互协调，可确保传动系统的高效，可根据不同行驶情况进行调节。

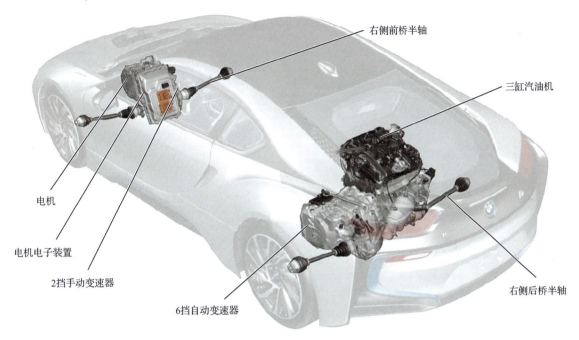

图1-5 宝马i8全驱电动汽车驱动部件分布

采用车桥混合动力时,该车型对各车桥独立驱动。路面是两个车桥间唯一的联系。驱动车辆时,两种传动系统可以单独使用,也可以同时使用。高压电池电量充足时,可通过电驱动装置以零排放和低噪声方式行驶较长距离。三缸汽油机在配合电动驱动装置的情况下,可实现较长可达里程,并在低油耗的情况下实现运动型驾驶方式。宝马i8高压系统部件分布如图1-6所示。

宝马i8运行演示

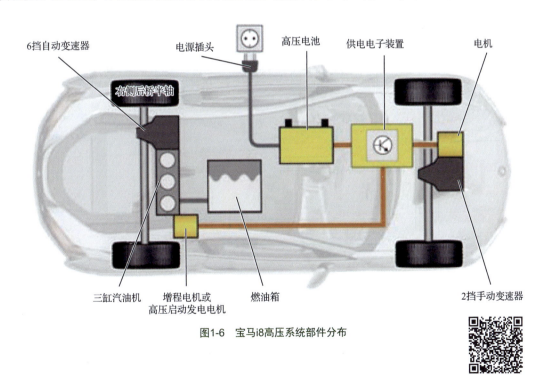

图1-6 宝马i8高压系统部件分布

宝马i8插电混动汽车组成

第2章 电动汽车（EV）

2.1 纯电动汽车（BEV）

2.1.1 总体结构

电动汽车的基本结构主要分为三个子系统，即主能源系统（电动源）、电驱系统、能量管理系统。其中电驱系统又由电控系统、电机、机械传动系统和驱动车轮等部分组成；主能源系统又由主电源和能量管理系统构成，能量管理系统是实现电源控制、能量再生、协调控制等功能的关键部件。电驱系统是电动汽车的核心，也是区别于燃油发动机汽车的最大不同点。

电动汽车的工作原理：动力电池→电流→电力调节器→电动机→动力传动系统→汽车行驶。

纯电动汽车与燃油汽车主要差别在于四大部件——驱动电机、调速控制器、高压电池、车载充电机。图 2-1 所示为特斯拉 MODEL S 车型结构，电池安装在底盘中间。

图2-1 特斯拉MODEL S车型结构

与燃油汽车相比,电动汽车结构灵活。燃油汽车的主要能源为汽油和柴油,而电动汽车采用电力能源,电驱系统是电动汽车的核心,也是区别于燃油发动机汽车的最大不同点。传统燃油汽车的能量是通过刚性联轴器和转轴传递的,而电动汽车的能量是通过柔性的电线传输的。因此,电动汽车各部件的放置具有很大的灵活性。

2.1.2 工作原理

以大众高尔夫纯电动汽车为例,这是一款不装载发动机的纯电动汽车。除了通过再生性制动充电的低压电池,高压电池只能通过充电站、230 V的电源插座或连接至公共充电站的充电电缆进行外部充电。除了高压系统,该车型还带有12 V车载供电转换器和12 V低压电池。85 kW电机通过一个减速器和差速器将输出传导至驱动轮。该车型驱动单元和高压系统部件分布如图2-2所示。纯电动汽车工作模式如表2-1所示。

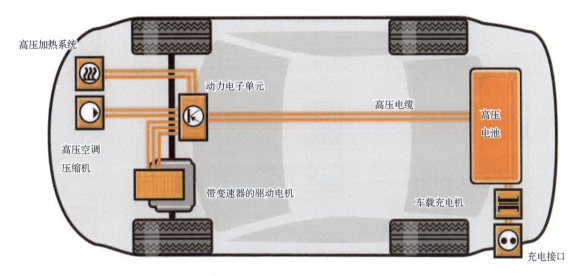

图2-2 大众高尔夫纯电动汽车驱动单元和高压系统部件分布

表2-1 纯电动汽车工作模式

模式	模式说明	能量传递线路
电动驱动	纯电动汽车电动驱动单元的配置与完全混合动力汽车的配置完全相同:高压电池向动力电子单元供能。动力电子单元将直流电转变成交流电来驱动电机	电机作为驱动单元运行 ← 动力电子单元 ← 高压电池输出电能
再生制动	如果电动汽车"滑行"(车辆在没有来自电动机的驱动扭矩下移动),部分热能通过电机转化成电能,并对高压电池充电	电机作为交流发电机运行 → 动力电子单元 → 高压电池接受充电

续表

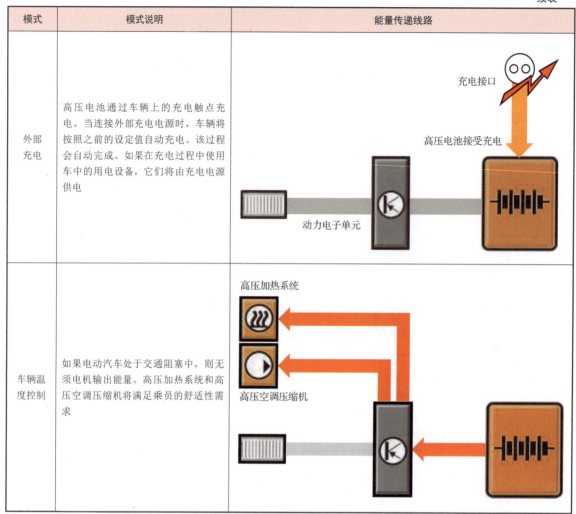

2.2 增程式电动汽车（REEV）

2.2.1 总体结构

在串联式混合动力系统中，电动机转动车轮，发动机用发电机作为电动机的电源。以奥迪 A1 e-tron 为例，该车型属于配备增程器的电动汽车。它由一个发动机和两个电机驱动，发动机未配备至驱动桥的机械连接。该车型仅用电力驱动。

发动机仅驱动电机 1，其作为发电机使用，并在车辆行驶时对高压电池充电。在该功能下，发动机以高输出和低油耗高效运作。该构造使车辆行程增加。该高压电池主要从外部充电。当发动机和电机 1 作为交流发电机对电池充电时，其可被视作备用发电机。

串联式混合动力系统结构如图 2-3 所示。除了图中所示的高压电池，车辆还带有 12V 车载供电装置和 12V 车载供电低压电池。

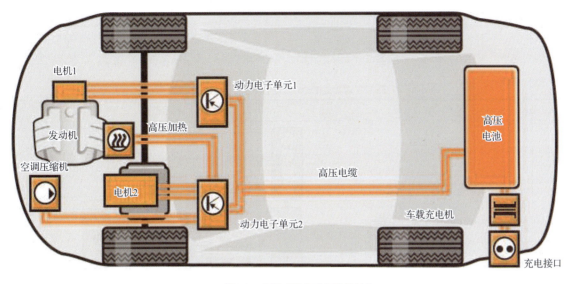

图2-3 串联式混合动力系统结构

以宝马 i3 增程式电动汽车为例,其主要部件结构如图 2-4 所示。

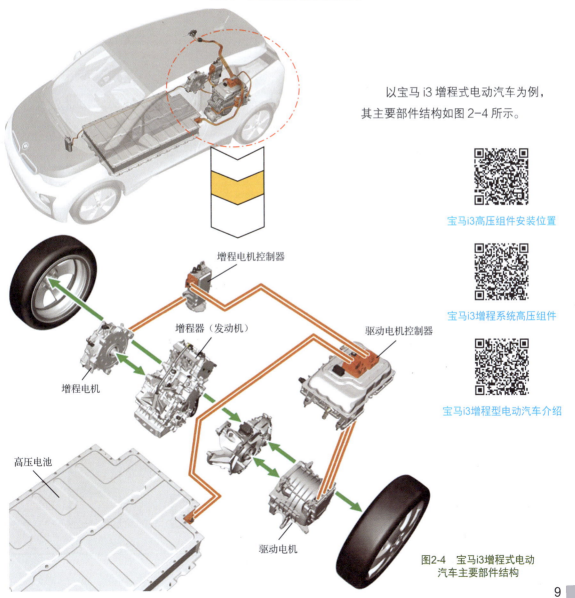

宝马i3高压组件安装位置

宝马i3增程系统高压组件

宝马i3增程型电动汽车介绍

图2-4 宝马i3增程式电动汽车主要部件结构

2.2.2 工作原理

增程式电动汽车有电力驱动、电动驾驶并充电、外部充电、车辆静止时充电等几种工作模式,如表2-2所示。

表2-2 增程式电动汽车工作模式及原理

模式	模式说明	能量传递路线
电力驱动	如果高压电池已充电,则车辆由电机2用电力驱动。便捷用电设备(高压加热系统和高压空调压缩机)和12V车载供电低压电池通过动力电子单元2供电	动力电子单元2;电机2作为驱动部件运行;高压电池输出电能
电动驾驶并充电	高压电池缺电。发动机启用,以继续行驶。它驱动电机1,从而为高压电池充电。电机2是推进车辆的唯一动力,也是再生性制动的唯一方式	发动机运行;电机1作为交流发电机运行;电机2作为驱动部件运行;高压电池输出电能并接受充电
外部充电	高压系统和整个驱动系统停用。高压电池通过车载充电插头、高压充电器和两个充电保护继电器充电。充电过程由系统自动监控和停止	外接电源充电接口;高压电池充电中
车辆静止时充电	没有外部电源对高压电池充电。在这种情况下,发动机可在车辆静止时通过电机1对高压电池充电	发动机运行;电机1作为交流发电机运行;电机2关闭;高压电池充电中

第3章 插电式混合动力汽车（PHEV）

3.1 插电式混合动力汽车构造

以大众混合动力驱动系统为例，图3-1为高尔夫6双驱插电式混合动力系统结构。该车型采用混联式混合动力系统，有两个电机，其中一个电机专门用作交流发电机或启动机，另一个电机用作电动机和交流发电机。两个电机和发动机通过离合器相互连接。大众高尔夫GTE插电式混合动力车型部件分布如图3-2所示。

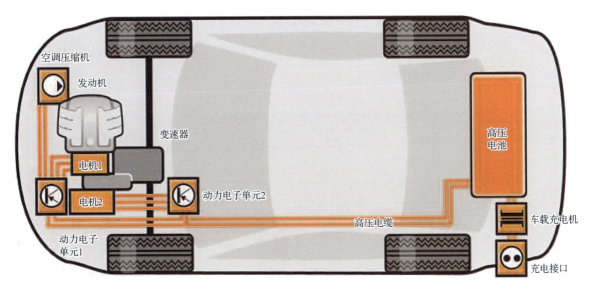

图3-1 高尔夫6双驱插电式混合动力系统结构

奥迪A3插电混动部件结构与运行演示

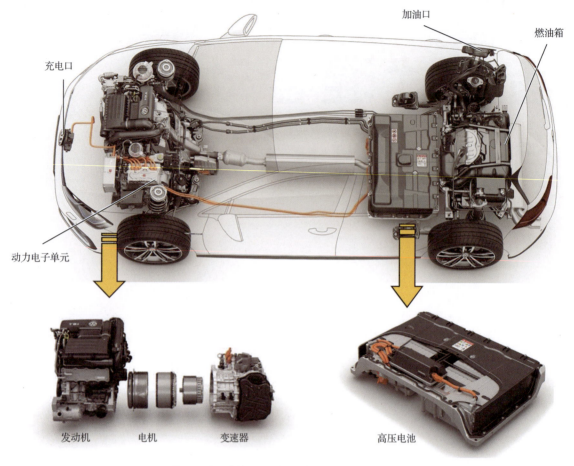

图3-2 大众高尔夫GTE插电式混合动力车型部件分布

3.2 插电式混合动力汽车原理

插电式混合动力汽车有电力驱动、串联驱动、并联驱动、发动机驱动、耦合驾驶和充电、再生制动及外部充电等工作模式,如表3-1所示。

表3-1 插电式混合动力汽车工作模式

模式	模式说明	能量线路
电力驱动	发动机停用。车辆由电机1驱动。高压电池通过动力电子单元1供能	发动机与电机2；动力电子单元1；电机1作为驱动部件运行；高压电池输出电能

续表

模式	模式说明	能量线路
串联驱动	电机2启动发动机。之后电机2作为交流发电机运行并向高压电池供能。该电机提供能量,从而使电机1可以驱动车辆。这种运行模式属于例外情况	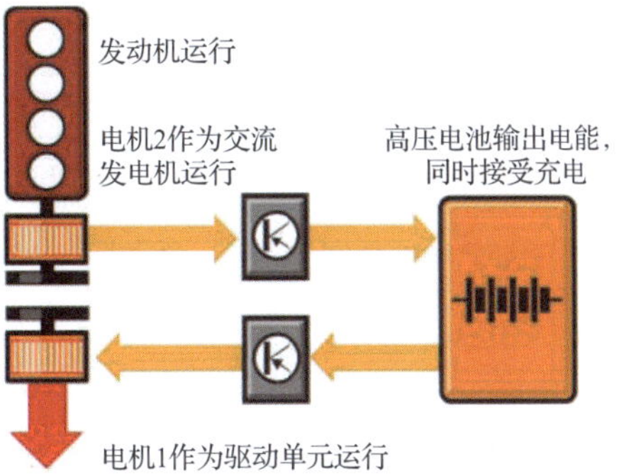 发动机运行；电机2作为交流发电机运行；高压电池输出电能,同时接受充电；电机1作为驱动单元运行
并联驱动	发动机和电机使车辆加速。该功能取决于高压电池的充电状态	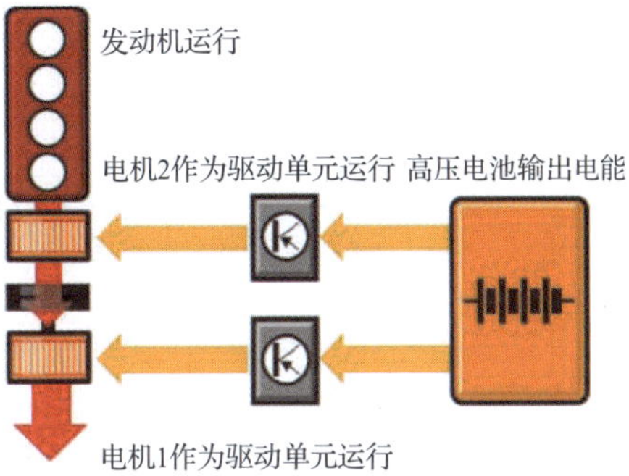 发动机运行；电机2作为驱动单元运行；高压电池输出电能；电机1作为驱动单元运行
发动机驱动	如果高压电池完全失电,则不允许电动驾驶。在这种情况下,车辆使用发动机驱动,同时使用电机2产生的额外能量对高压电池充电	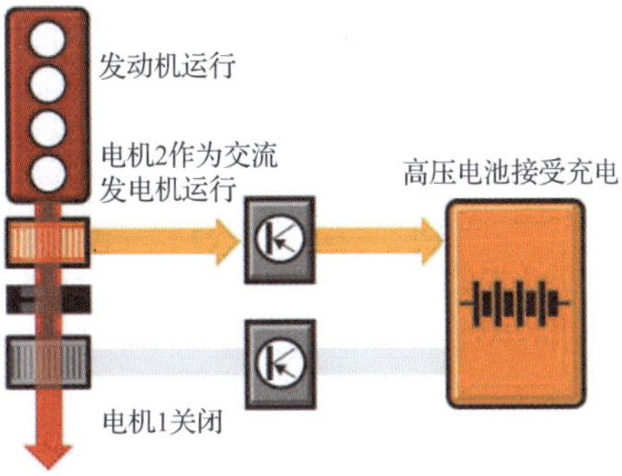 发动机运行；电机2作为交流发电机运行；高压电池接受充电；电机1关闭
耦合驾驶和充电	车辆所行路线可能要求发动机驱动车辆,同时,额外的能量用于给高压电池充电	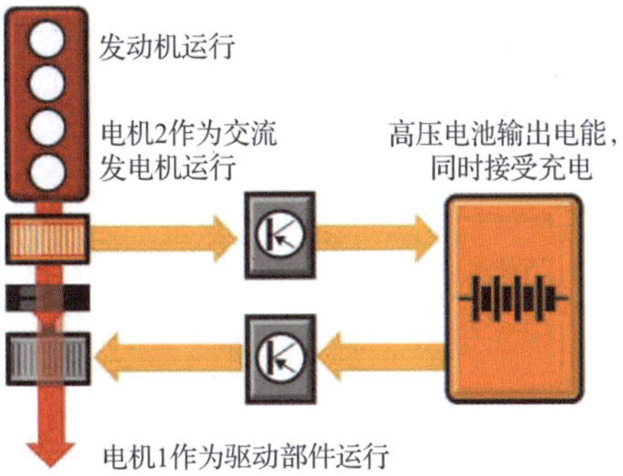 发动机运行；电机2作为交流发电机运行；高压电池输出电能,同时接受充电；电机1作为驱动部件运行

第3章 插电式混合动力汽车（PHEV）

续表

模式	模式说明	能量线路
再生制动	离合器接合时，两个电机可用于再生性制动。车辆减速产生的能量可通过这两个动力电子单元转换成直流电，并存储在高压电池中	发动机运行；电机2作为交流发电机运行；高压电池接受充电；电机1作为交流发电机运行
外部充电	在从外部电源充电的过程中，高压系统处于备用模式。电机和动力电子单元停用。充电电缆通过充电触电装置连接至车辆。当控制单元识别出用于为高压电池充电的电源时，两个充电保护继电器关闭。充电过程开始，电池一旦达到要求的容量时，充电过程停止。充电过程中启用的用电设备由外部充电电源供电	外部充电连接；发动机和电机2关闭；电机1关闭；高压电池充电中

第4章 油电混合动力汽车

4.1 概述

4.1.1 混合动力概念

混合动力系统将两种不同的技术组合在一起来使用。一般来说，油电混合动力车型车身上都有相应的标识。丰田混合动力系统标志如图 4-1 所示。

丰田混合动力系统

图4-1 丰田混合动力系统标志

4.1.2 混合动力类型

油电混合动力汽车，按电机位置的不同，可分为 P0 ~ P4（并联混合动力）及 PS（power split，动力分流）架构，其中 P 代表电机位置（position），P 后的数字越大，表示电机距离发动机的距离越远，如图 4-2 所示。

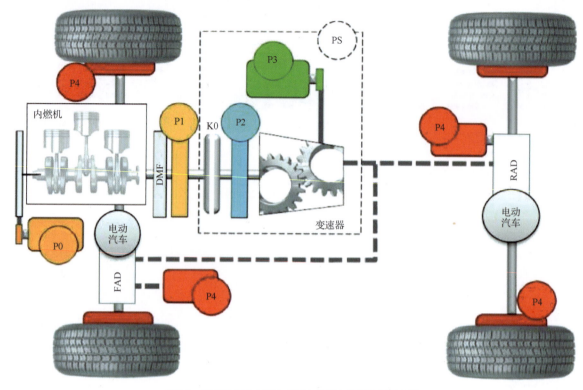

图4-2 油电混合动力汽车根据电机所在位置的不同分类

电机被安装在发动机前端,该类型叫 P0 架构,电机用传动带与发动机相连,又称为 BSG 或 BAS。因为传动带输出力矩有限,所以这种架构的车型多数为具有直接启停功能的轻度混合动力车型。图 4-3 所示为奥迪 S8 搭载的 48 V 轻度混合动力系统。

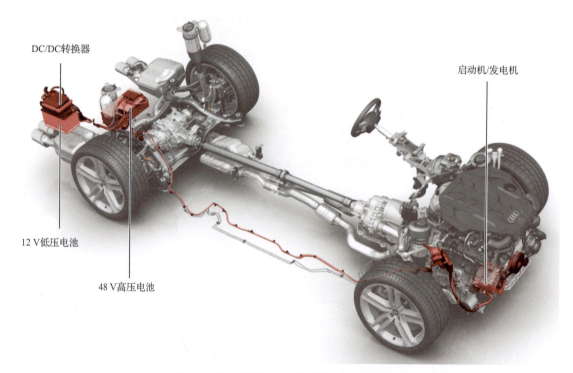

图4-3 奥迪S8搭载的48 V轻度混合动力系统

把电机装在发动机后端,与发动机刚性相连,此种架构被称为 P1,又称为 ISG。因为电机与发动机无法脱开,所以电机输出的动力受发动机牵绊,此种架构多以中度混合动力车型为主。图 4-4 所示为 P1 架构示例(宝马 ActiveHybrid 7)。

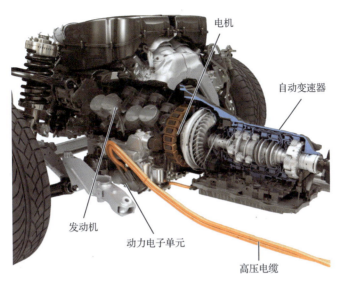

P1混动系统运行模式

图4-4　P1架构示例(宝马ActiveHybrid 7)

在变速器与发动机中间的离合器之后变速器的齿轮输入端安装电机,被称为 P2,这种类型的技术简单易行,效率不高,但成本相对较低,大众 GTE 车型(图 4-5)、宝马 530 Le、宝马 ActiveHybrid X6(图 4-6)都属于这种结构。

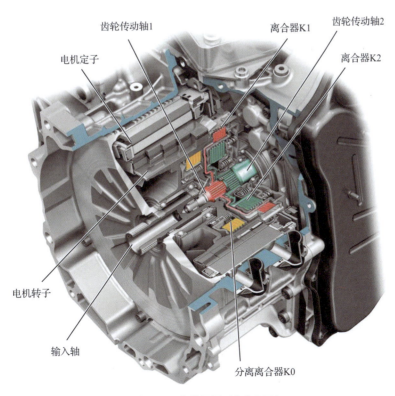

图4-5　P2架构示例(大众GTE)

第4章 油电混合动力汽车

17

图4-6　P2架构示例（宝马ActiveHybrid X6）

将电机安装在变速器齿轮输出端的混合动力架构，被称为P3。因为不需要通过变速器连接，所以P3结构的纯电力驱动模式与纯电动车型完全一致，其驱动结构更为直接、高效，动能回收的效率高。比亚迪第二代DM系统就采用了P3架构。图4-7所示为比亚迪唐DM传动机构与对应动力传递线路。电动挡动力传递线路：驱动电机→减速器输入轴→减速器中间轴→减速器输出轴→差速器→驱动半轴。在驻车充电时，动力传递线路：K2离合器→副轴2→副轴1→充电中间轴→减速器输出轴→减速器中间轴→减速器输入轴→驱动电机。

混合动力P2运行模式示例

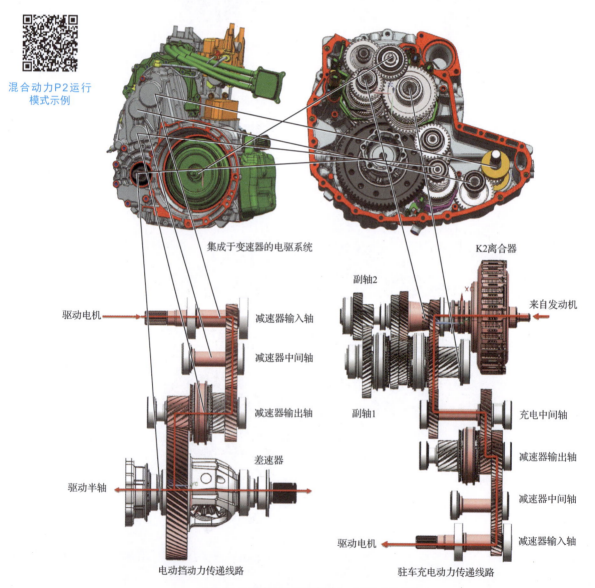

图4-7　比亚迪唐DM传动机构与对应动力传递线路

还有一种结构形式,利用双离合变速器可以在两个输入轴之间切换的特点,将电机集成到其中一轴,一般是偶数挡位的一轴上面,这种介于P2与P3之间的形式被称为P2.5,属于吉利自主研发的混合动力系统,如图4-8所示。

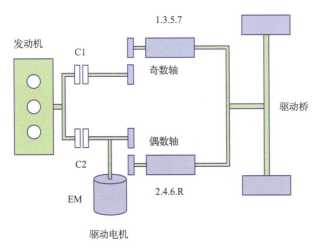

图4-8 P2.5架构示例(吉利PHEV)

将电机直接安装于驱动轴(轮)上为P4架构,P4架构很少单独使用,一般与P0或P1架构组合使用。像宝马X1 PHEV(图4-9)、保时捷918(图4-10)、比亚迪唐DM-P、长城WEY P8、丰田汉兰达PHEV等四驱车,都是用PS+P4组合结构。

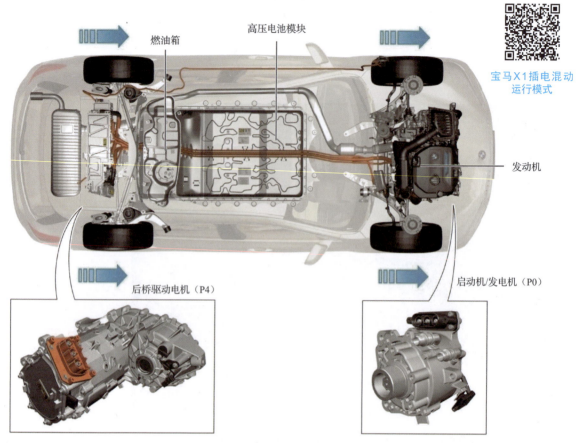

图4-9　P4+P0架构示例（宝马X1 PHEV）

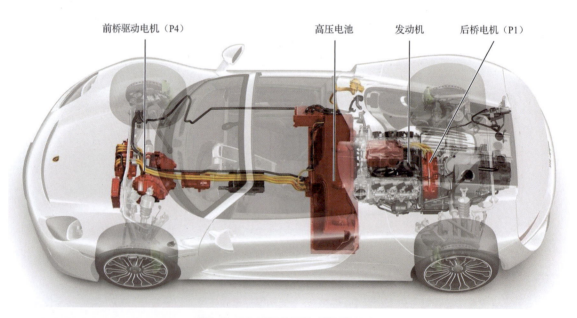

图4-10　P4+P1架构示例（保时捷918）

4.2 完全混合动力汽车

4.2.1 典型完全混合动力系统结构特点

完全混合动力系统将功率更强的电机和发动机结合，可以实现纯电力驱动。一旦达到规定条件，电机即可辅助发动机运行。车辆低速行驶时，完全由电力驱动，发动机具备启动、停止功能，回收的制动能量可为高压电池充电。发动机和电机之间的离合器可以断开两个系统之间的连接。发动机仅在需要时介入。完全混合动力系统如图4-11所示。

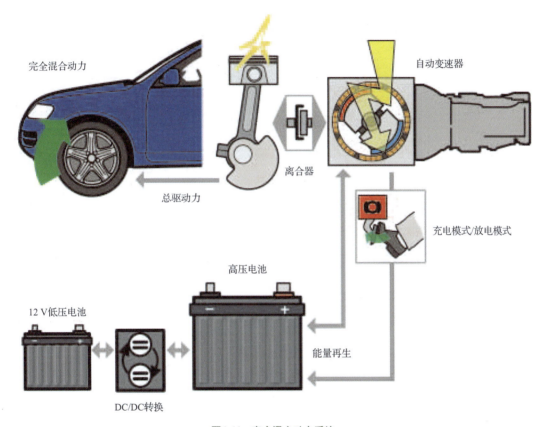

图4-11 完全混合动力系统

4.2.2 完全混合动力系统的不同类型

完全混合动力系统又分为四个类别——并联式混合动力系统、混联式混合动力系统、串联式混合动力系统、混串联式混合动力系统。

1. 并联式混合动力系统

并联式混合动力系统的特点是结构简单。这种技术通常用于对已有车辆进行"混合动力化"。发动机、电机和变速器安装在一根轴上。并联式混合动力系统通常配有一台电机。发动机和电机各自输出功率的总和等于总输出功率。这种方案可以保留车辆上大部分的原有零部件。在四轮驱动车辆的并联混合动力设计中，四个车轮的驱动力由托森差速器和分动器传送。并联式混合动力系统如图4-12所示。

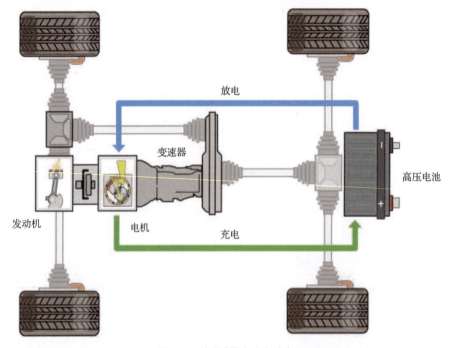

图4-12 并联式混合动力系统

2. 混联式混合动力系统

混联式混合动力系统除配有发动机外，还配有一台电机，二者均安装在前桥上。

汽车的驱动力由发动机和电机共同提供，通过行星齿轮组传递给变速器。这种系统与并联式混合动力系统设计不同，两种形式的动力输出并不能全部传递给车轮。混联式混合动力系统如图4-13所示。

其中一部分动力输出用于驱动车辆，另一部分以电能的形式储存在高压电池中。

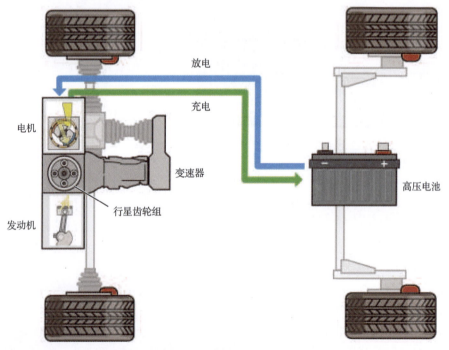

图4-13 混联式混合动力系统

3. 串联式混合动力系统

串联式混合动力系统配有一台发动机、一台交流发电机和一台驱动电机。但与上述两种方案不同，发动机本身不能通过传动轴或变速器驱动车辆，即发动机的输出动力不能传递给车轮。电机为车辆提供主要驱动力。当高压电池的电量降低时，发动机才会启动，通过交流发电机对高压电池充电，于是电机又可以重新从高压电池获得能量。串联式混合动力系统如图4-14所示。

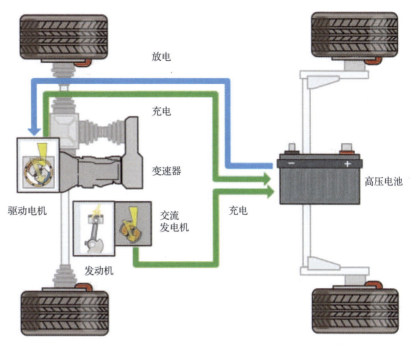

图4-14　串联式混合动力系统

4. 混串联式混合动力系统

混串联式混合动力系统是上述两种混合动力系统的结合。车辆有一台发动机和两台电机。发动机和电机1安装在前桥上，电机2安装在后桥上。

这种方案适用于四轮驱动车辆。发动机和电机1通过行星齿轮组连接至变速器。同样，在这种情况下，各动力源输出的动力并不全部传递给车轮。后桥上的电机2会在需要时启动。由于这样的设计，高压电池安装在车辆前桥与后桥之间。混串联式混合动力系统如图4-15所示。

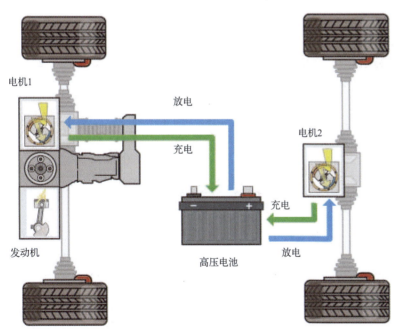

图4-15　混串联式混合动力系统

4.3 轻度混合动力汽车

4.3.1 轻度混合动力系统结构特点

轻度混合动力车型一般采用48V-BSG混合动力系统。48V-BSG混合动力系统如图4-16所示。除图中所示的48V-BSG电机、48V-12V DC/DC转换器、48V动力电池（早期多为镍氢电池，现在多用锂电池）之外，还包括制动能量回收系统、冷却散热装置、混合动力模块控制系统（HCU，集成在电控单元内）等组件。

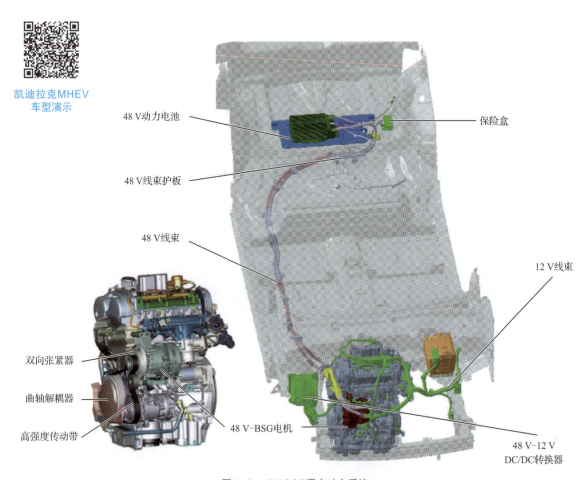

凯迪拉克MHEV车型演示

图4-16　48V-BSG混合动力系统

通用汽车早期的轻度混合车型采用BAS系统，如图4-17所示。该系统除包括图中所示的36V镍氢电池、启动机/发电机总成、传动带驱动组件、混合动力控制单元外，还包括12V低压电池等组件。

48V-BSG系统可以实现发动机舒适启动、低速助力、停机辅助、停机滑行、改变意图、全速助力、滑行能量回收、制动能量回收、发动机工况优化、整车能量管理等功能。

该系统的油耗有效降低，低速（0~40 km/h）加速性能有所提升，发动机启动和熄火时的振动有明显的改善。

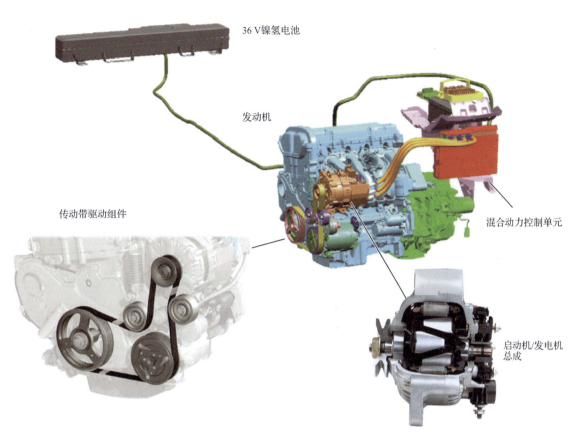

图4-17 通用汽车BAS混合动力系统

4.3.2 轻度混合动力系统工作原理

当车辆停止时,发动机进入自动停止模式,此时发动机处于关闭状态,没有燃油流向发动机,车上的一些附件装置(如灯光系统、娱乐系统等)都由电池供电。

当驾驶员松开制动踏板或踩下加速踏板,车辆需要起步时,电机带动发动机运转,燃油供应恢复,发动机自动启动。另外,在滑行阶段,车辆快停止之前,电机会带动发动机转动(发动机此时未供油),目的是使扭矩变化平顺,驾驶性能更好。

在燃油供给阶段,发动机正常工作,消耗燃油。在电动助力时,当驾驶员踩下油门比较深时,通过电机为车辆提供电动助力。

在智能充电阶段,电机由发动机带动旋转,电池组尽可能从系统中获得更多的充电机会。当车辆进入滑行阶段或停下来后,发动机被切断燃油供应;在某些滑行阶段,为保证扭矩变化的平顺性,电机也将转动。

当车辆减速时,发动机停止供油,变矩器锁止,车辆带动发动机转动,电机此时作为发电机发电,发电机相当于车辆的负载,对车辆有制动作用(类似发动机制动),系统进入再生制动阶段。

BSG轻度混合动力系统工作模式如图4-18所示。

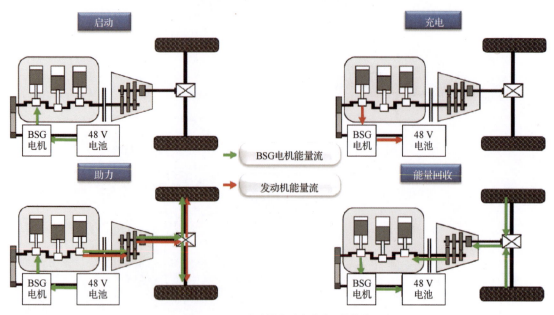

图4-18　BSG轻度混合动力系统工作模式

第5章 燃料电池电动汽车

5.1 燃料电池电动汽车构造

奥迪公司在 2014 年发布了奥迪 A7 Sportback h-tron quattro 氢燃料混合动力汽车,其最核心的部件是位于传统发动机舱的氢燃料电池,由 300 多个电池单元组成。氢气被输送到电池阳极后,被分解为质子和电子,质子到达阴极后与空气中的氧气反应变成水蒸气,而电子提供电能。整个燃料电池的电压为 230～360 V。在燃料电池模式下,车辆仅需大约 1 kg 氢就能行驶 100 千米,产生的能量相当于 3.7 L 汽油,加满大约 5 kg 氢气只需要不到 3 min 的时间。该车型结构及关键部件如图 5-1～图 5-4 所示。

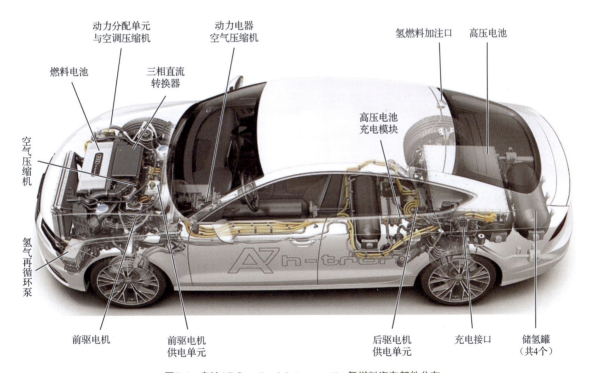

图5-1 奥迪A7 Sportback h-tron quattro氢燃料汽车部件分布

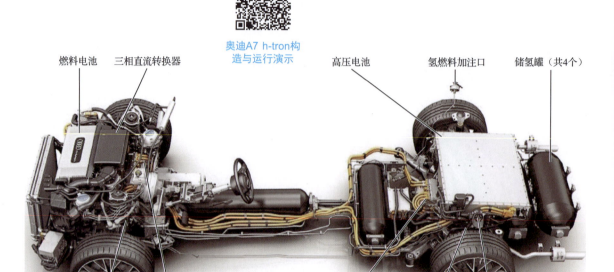

图5-2 奥迪A7 Sportback h-tron quattro氢燃料汽车无车身视图

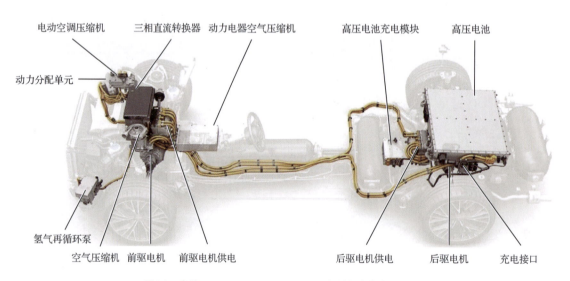

图5-3 奥迪A7 Sportback h-tron quattro氢燃料汽车电动系统

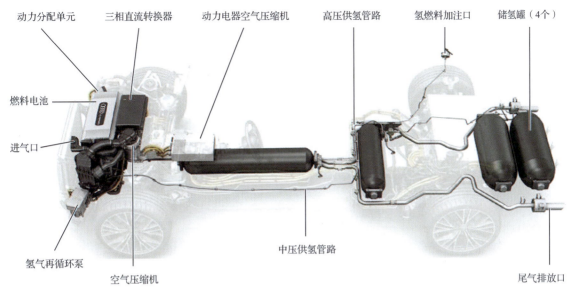

图5-4 奥迪A7 Sportback h-tron quattro氢燃料汽车氢燃料系统

5.2 燃料电池电动汽车原理

以大众途观 HyMotion 为例，该车型用燃料电池驱动。车辆以氢气做燃料，燃料电池模块为电机提供能量。在该模块中，氢气转化为水，产生电能。

该车型没有安装发动机。高压电池只能通过特殊的充电器从外部充电。该车型高压部件连接如图 5-5 所示。除了图中所示的高压电池，车辆还带有 12 V 车载供电转换器和 12 V 车载供电低压电池。

燃料电池电动汽车工作模式如表 5-1 所示。

丰田氢燃料电池汽车运行演示

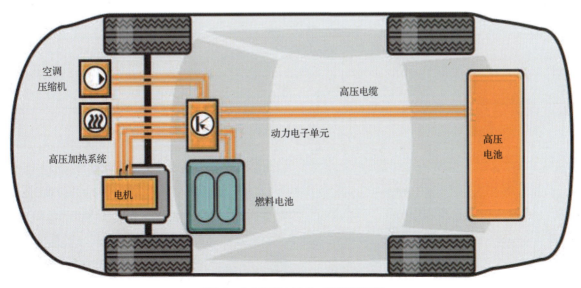

图5-5 大众途观HyMotion高压部件连接

表5-1 燃料电池电动汽车工作模式

模式	运行模式说明	能量线路
电力驱动	如果高压电池已充电,则由其为电机提供能量,驱动车辆。在这种情况下,燃料电池不供给任何能量,不消耗氢气	燃料电池 / 高压电池输出 / 电机作为驱动单元 / 动力电子单元
电动驾驶和充电	当高压电池需要充电时,燃料电池启用。高压电池在充电过程中同时向驱动电机输出能量	燃料电池启用 / 高压电池充电中同时输出能量 / 电机作为驱动单元 / 动力电子单元
再生制动	电机专门用于再生性制动。在超限运转阶段,电机作为交流发电机。它通过动力电子单元为高压电池充电	燃料电池停用 / 高压电池充电中 / 电机作为交流发电机 / 动力电子单元

第6章 动力电池

6.1 电池概述

6.1.1 蓄电池结构与原理

如果将锌棒和铜棒分别置于不同容器适当的电解液中,则两种金属会以不同速度向电解质中释放离子,电子将留在金属棒上。在一个容器中,溶液中有很多带正电的锌离子,锌棒上则留有许多电子。在另一个容器中,溶液中仅有少量带正电的铜离子,铜棒上也只有少量电子。如果将两个容器用离子桥相互连接起来,则会因不同的离子浓度而发生电荷交换。由于锌棒上聚集了过量电子,因此它将作为正极,而铜棒将作为负极。由于电子浓度不同,因此两者之间的电压可测。

如果使用导线连接两个电极,则电子会从正极流向负极。该构造通常被称作原电池,是蓄电池最简单的形式。如果能量从蓄电池中释放,则正极转为负极。在可充电蓄电池中,相同的电极可作为正极或负极交替工作,取决于蓄电池正在充电还是放电。蓄电池工作原理如图6-1示。

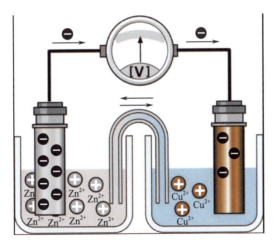

图6-1 蓄电池工作原理

6.1.2 车用高压电池类型

可充电蓄电池通过电极和电解质使用的材料进行分类。最常见的可充电蓄电池为铅酸、镍镉、镍氢和锂离子电池。表6-1简要介绍了蓄电池类型及其特性。

表6-1 蓄电池类型及其特性

蓄电池类型	特性描述
铅酸电池	传统的12 V车载电子系统蓄电池，电极板使用铅和铅氧化物制造，电解质是稀硫酸。铅酸电池需要维护，这意味着需要加满蒸馏水以确保必要的电解质液位。铅酸电池并不十分适合为纯电动汽车供能，因为非常重，会降低电动汽车的承载能力。在某些情况下，铅酸电池使用6年后就会损失大部分电容。如果损坏，电解液会泄漏
镍镉电池	这种蓄电池的电极采用镉和镍合金制造，电解质为氢氧化钾溶液。该类蓄电池比铅酸电池具有更高的能量密度，不易损坏或发生电解液泄漏。受记忆效应限制，无法完全应对深度放电或过度充电，因此不够高效。而且，镍及镉化合物是有毒的
镍氢电池	这种蓄电池的电极采用镍化合物和另一种金属化合物制造。电解质为氢氧化钾。它们比镍镉电池拥有更高的能量密度，抗损伤程度更高。虽然镍氢电池不存在记忆效应，但也会在使用过程中损失效率，这种效率损失在某种程度上是可逆的。镍氢电池不含任何有毒重金属，如铅或镉。电池中的电解质以固体形式存在，即使壳体破损，也只会有少量液滴流出
锂离子电池	这是使用锂化合物作为内部结构的新一代蓄电池，各种锂金属氧化物和石墨被用来制造电极，锂盐的不同溶剂构成电解质。锂离子电池的能量密度超过镍镉电池2倍。这种蓄电池在电动汽车中占用的空间更小，从而为乘员和行李箱留下了更大的空间。它可以快速充电（锂离子半径小），无记忆效应
燃料电池	根据能量转换定律，燃料电池中发生的将化学能转换为电能的过程与发动机中的能量转换过程相似。燃料电池的效率较发动机的效率更高。在发动机中，储存在燃料中的化学能通过燃烧转化为热能，由此产生的热能可用于驱动变速器或供给交流发电机。在燃料电池中，化学能转化为电能。与发动机不同，燃料电池无须额外的交流发电机来发电。它使用的燃料是工业氢，氢与空气中的氧气作用变成水，在能量转换过程中能量损耗小。与发动机不同，燃料电池不会产生燃烧残渣或有害废气

高电压蓄电池简称为高压电池，这是与传统的12 V、24 V车载低压电池对应的一个称呼。因高压电池主要作为驱动电机及空调压缩机等动力部件的电源，所以也称为动力电池。

6.2 三元锂电池

三元锂电池又称"三元聚合物锂电池"，三元锂电池的"三元"指的是包含镍（Ni）、钴（Co）、锰（Mn）或铝（Al）三种金属元素的聚合物（前三种组合简称"NCM"，后三种组合简称"NCA"），在三元锂电池中做正极。三者缺一不可，在电池内部发挥巨大的作用。镍的主要作用是提升电池的体积能量密度，是提升电动汽车续航里程的主要突破口，但含量过多会导致镍离子占据锂离子位置（镍氢混排），导致电池容量下降。钴的作用为抑制阳离子的混排，用以提升电池稳定性和延长电池的寿命，也决定电池的充放电速度和效率（倍率性能），但过高的钴含量会导致实际电池容量降低。钴是十分昂贵的稀有金属，成本高昂；锰或铝的作用在于降低正极材料成本，同时提升电池的安全性和稳定性。

三元锂电池最大优势在于电池储能密度高，其储能密度通常在200 Wh/kg以上，相对于磷酸铁锂的90~120 Wh/kg，更适合乘用车市场对续航里程的需求。但是，三元锂电池材料分解温度在200℃左右，会释放氧分子，在高温作用下电解液会迅速燃烧，引发电池自燃和爆炸的风险。因此，它对电池管理要求很高，需要做好过充保护、过放保护、过热保护和过流保护等。

动力电池单体的封装形式常见有圆柱体、方形金属硬包、方形铝塑膜软包等。锂电池的封装形式如图6-2所示。

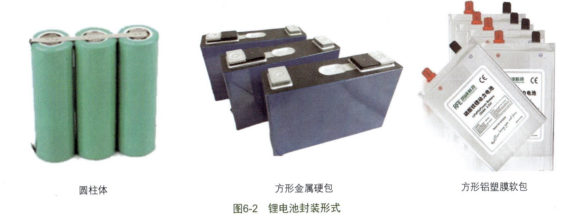

圆柱体　　　　　方形金属硬包　　　　　方形铝塑膜软包

图6-2　锂电池封装形式

以吉利星越插电式混合动力车型为例，动力电池总成安装于乘员舱下部，呈T字形排布，如图6-3所示。

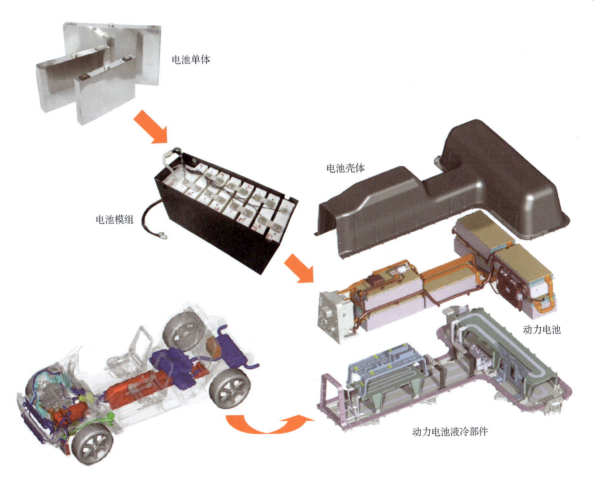

图6-3　吉利星越T字形动力电池总成

6.3　磷酸铁锂锂离子电池

磷酸铁锂锂离子电池简称"磷酸铁锂电池"或"铁锂电池",由于其特别适合做动力方面的应用,故多称为"磷酸铁锂高压电池"。磷酸铁锂电池是用磷酸铁锂做电池正极的锂离子电池,是锂离子电池家族的新成员。目前用作锂离子电池的正极材料主要有氧化锂钴($LiCoO_2$)、锰酸锂($LiMn_2O_4$)、镍酸锂($LiNiO_2$)及磷酸铁锂($LiFePO_4$)。

磷酸铁锂电池的内部结构如图6-4所示。图中左边是橄榄石结构的磷酸铁锂作为电池的正极,用铝箔与正极连接,中间是聚合物隔膜,把正极与负极隔开,锂离子可以通过隔膜,而电子不能通过。图中右边是用碳(石墨)组成的电池负极,用铜箔与负极连接。电池由金属外壳密闭封装。磷酸铁锂电池在充电时,正极中的锂离子通过聚合物隔膜向负极迁移;在放电过程中,负极中的锂离子通过隔膜向正极迁移。锂离子电池就是因锂离子在充放电时来回迁移而得名的。

锂离子电池特性及原理

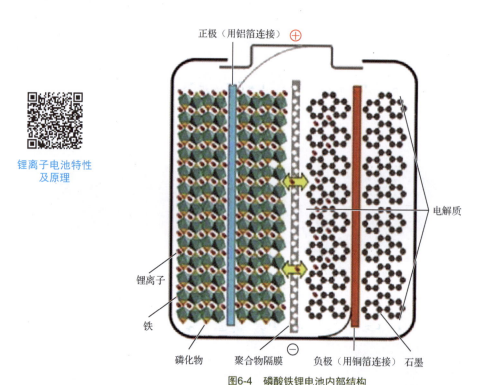

图6-4　磷酸铁锂电池内部结构

比亚迪制造的绝大部分电动汽车,以及多数国产中低端电动汽车配载的一般是磷酸铁锂电池。以比亚迪汉EV车型为例,该车型装载的是比亚迪研发的磷酸铁锂"刀片电池",能量密度为140 Wh/kg。

刀片电池是比亚迪开发的长度大于0.6 m的大电芯,以阵列方式排布在一起,就像"刀片"一样插入电池包里面。这种排布方式,一方面可提高高压电池的空间利用率,增加能量密度;另一方面能够保证电芯有足够大的散热面积,从而匹配较高的能量密度。根据厂家发布的专利信息,该电芯可实现无模组,直接集成为电池,从而大幅提高集成效率。比亚迪汉EV车型刀片电池如图6-5所示,其电池部件分解如图6-6所示。

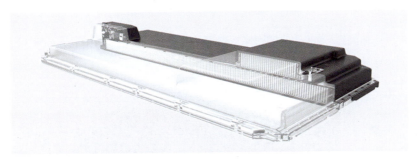

图6-5 比亚迪汉EV车型刀片电池

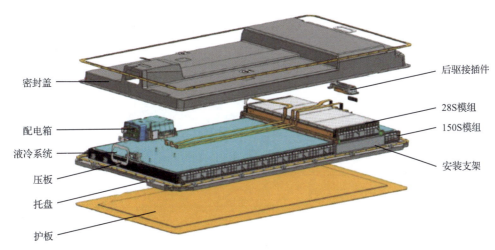

图6-6 比亚迪汉EV车型刀片电池部件分解

比亚迪海豚车型搭载的也是刀片电池，400 km版本电池结构如图6-7所示，300 km版本电池结构如图6-8所示。

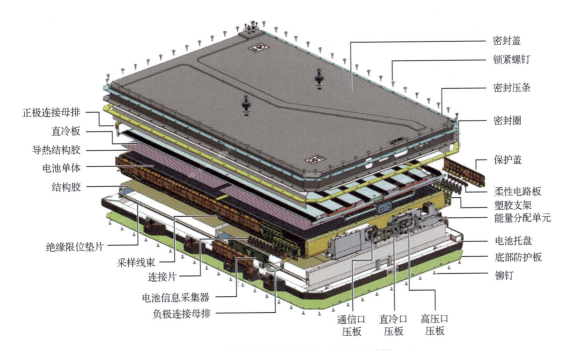

图6-7 比亚迪海豚车型400 km版本电池结构

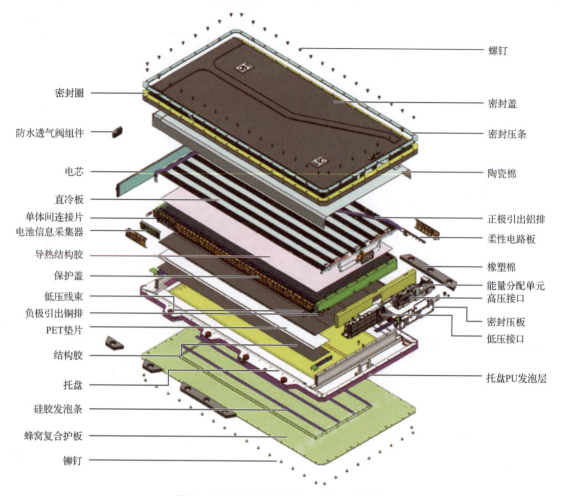

图6-8 比亚迪海豚车型300 km版本电池结构

6.4 镍氢电池

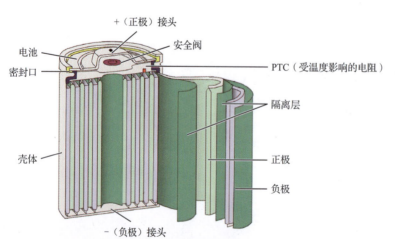

镍氢电池的单体的源电压是由电极上过量的带电氢离子产生的。镍氧氢化合物（氢氧化镍）被用作正极。负极由能对氢进行可逆存储的金属合金组成。镍氢电池单体内部结构如图6-9所示。

图6-9 镍氢电池单体内部结构

在充电过程中，氢离子从负极迁移至正极，并吸附在电极材料上；放电过程相同，但顺序相反。

镍氢电池单体采用了两个安全机制。PTC 电阻器可限制高温时的电流，安全阀可以用受控方式释放电池单体中产生的过高压力。

镍氢电池电解液为不可燃的水溶液，比热容、电解液蒸发热相对较高，能量密度相对较低，即使发生短路、刺穿等极端异常情况，电池温升小，也不会燃烧。在低温地区，室外温度在 0℃ 以下，镍氢电池也能正常充放电，不会存在安全隐患。此外，镍氢电池的产品质量控制难度相对比较低，因制造过程导致缺陷的可能性很小。所以，对电池电量要求不高的普通混合动力车型大多数使用镍氢电池。

丰田普锐斯是日本丰田汽车公司于 1997 年推出的世界上第一种大规模生产的混合动力车型，第三代普锐斯采用 201.6 V（1.2 V×6 格 ×28 块）镍氢电池，2003 款车型使用 273.6 V 镍氢电池。丰田为第四代普锐斯提供了两种电池，较传统的镍氢电池和目前比较流行的锂离子电池。两种电池的输出电压相近，锂离子电池的输出电压为 207.2 V，镍氢电池为 201.6 V，二者体积也相似。第三代、第四代普锐斯技术参数对比如表 6-2 所示。第三代普锐斯所配镍氢电池模块如图 6-10 所示。

表6-2　第三代、第四代普锐斯技术参数对比

项　目	第三代普锐斯	第四代普锐斯（镍氢电池版）	第四代普锐斯（锂离子电池版）	普锐斯Plug-in Hybrid	普锐斯Prime
类型	油电混合动力	油电混合动力	油电混合动力	插电式混合动力	插电式混合动力
生产年份	2010、2011、2012、2013、2014、2015	2016、2017、2018	2016、2017、2018	2012、2013、2014、2015	2017、2018
电池类型	镍氢电池	镍氢电池	锂离子电池	锂离子电池	锂离子电池
电池能量（kWh）	1.31	1.31	0.75	4.4	8.8
电池仓重量（kg）	39	39	24	80	120
电池仓能量密度（Wh/kg）	33.6	33.6	31	55.7	73.2
电池额定电压（V）	201.6	201.6	207.2（单体3.7 V）	207.2（单体3.7 V）	351.5（单体3.7 V）
电池额定容量（Ah）	6.5	6.5	3.6	21.5	25
驱动桥型号	P410	P610 HEV	P610 HEV	P610 PHEV	P640 PHEV
发动机排量（L）	1.8	1.8	1.8	1.8	1.8
发动机最大功率（kW）	73	72	72	73	72
发动机最大扭矩（N·m）	142	142	142	142	142
电机类型	永磁同步电机	永磁同步电机	永磁同步电机	永磁同步电机	永磁同步电机
电机峰值功率（kW）	60	53	53	60	52+23
电机峰值扭矩（N·m）	207	163	163	207	163+40
电机最高转速（rpm）	13500	17000	17000	13500	17000+10000
电机驱动减速比	8.612	10.835	10.835	8.612	12.303

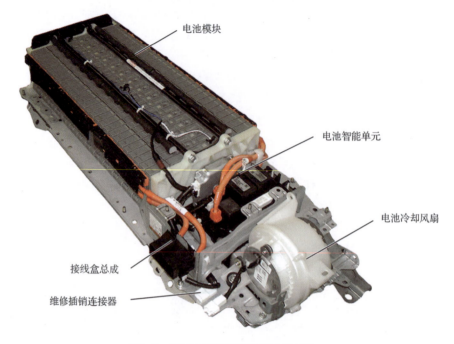

图6-10 第三代普锐斯所配镍氢电池模块

6.5 燃料电池

燃料电池在本质上是水电解的"逆"装置,主要由三部分组成,即阳极、阴极和电解质。其阳极为氢电极,阴极为氧电极。通常来说,阳极和阴极上都含有一定量的催化剂,用来加速电极上发生的电化学反应。两极之间是电解质。燃料电池基本结构与原理如图6-11所示。

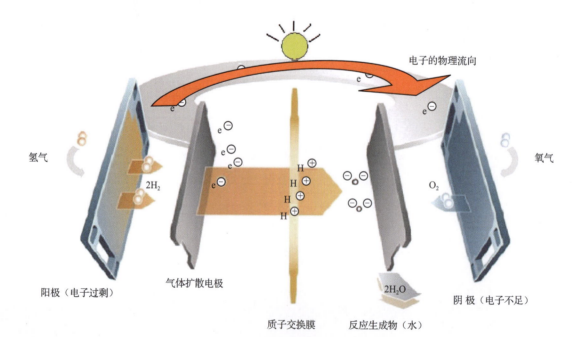

图6-11 燃料电池基本结构与原理

以质子交换膜燃料电池（PEMFC）为例，其工作原理如图6-12所示。氢气通过管道或导气板到达阳极；在阳极催化剂的作用下，1个氢分子解离为2个氢离子（质子），并释放出2个电子，阳极反应为 $H_2 \rightarrow 2H^+ + 2e^-$。在电池的另一端，氧气（或空气）通过管道或导气板到达阴极，在阴极催化剂的作用下，氧和氢离子与通过外电路到达阴极的电子发生反应，生成水，阴极反应为 $\frac{1}{2}O_2 + 2H^+ + 2e^- \rightarrow H_2O$。总的化学反应为 $H_2 + \frac{1}{2}O_2 = H_2O$，电子在外电路形成直流电。因此，只要源源不断地向燃料电池阳极和阴极供给氢气和氧气，就可以向外电路的负载连续输出电能。

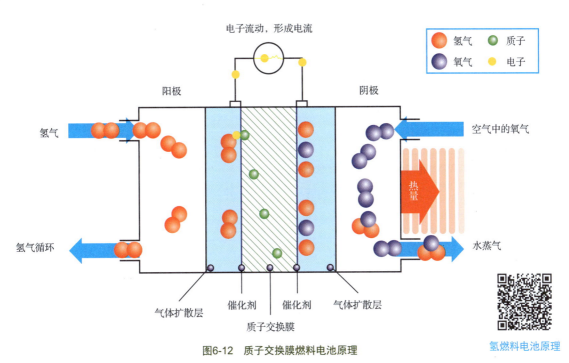

图6-12 质子交换膜燃料电池原理

氢燃料电池原理

第7章 充配电系统

7.1 充配电系统概述

在早期的电动汽车上，充电系统与配电系统部件属于分立元件，如车载充电机和高压配电箱都单独布置。随着技术的进步，电动汽车上的电控总成集成度越来越高，如比亚迪 e5 与秦 EV300 的电控总成就集成了 VTOG（双向交流逆变式电机控制器）、高压充放电及配电系统、DC/DC 转换器等功能部件，如图 7-1 和图 7-2 所示。

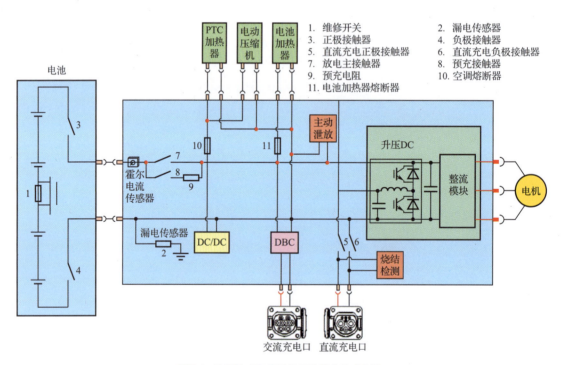

图7-1 比亚迪e5与秦EV300充配电总成电路

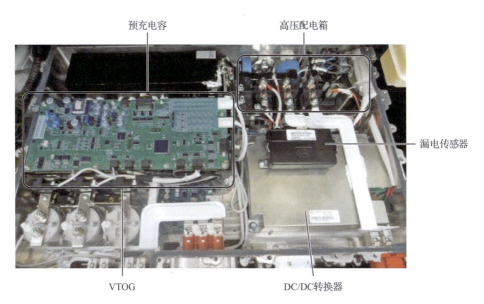

图7-2 比亚迪e5与秦EV300充配电总成结构

高压配电箱的功用是将电池的高压直流电分配给整车高压电器使用,其上游是电池,下游包括VTOG、DC/DC转换器、PTC加热器、电动压缩机、漏电传感器;同时将VTOG和车载充电机的高压直流电分配给电池。高压配电箱由铜排连接片、接触器、霍尔电流传感器、预充电阻等构成。动力电池正极、负极输入接触器吸合、断开由电池管理器控制。如图7-3所示,接触器从左至右依次为放电主接触器、交流充电接触器、直流充电正极接触器、直流充电负极接触器、预充接触器。

图7-3 高压配电箱接触器布置

高压配电箱内部电路连接如图7-4所示。

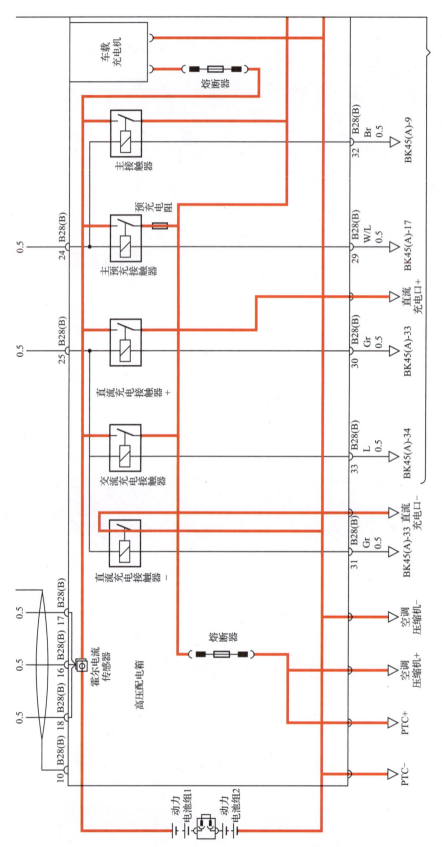

图7-4 高压配电箱内部电路连接

比亚迪秦 EV 与 e5 的"四合一"高压电控总成，集成双向交流逆变式电机控制器模块、车载充电机模块、DC/DC 转换器模块和高压配电模块，另外内部还装有漏电传感器。其主要功能如下：控制高压交流电与直流电双向逆变，驱动电机运转，实现充电、放电功能（VTOG、车载充电机）；实现高压直流电转化为低压直流电，为整车低压电器系统供电（DC/DC）；实现整车高压回路配电功能及高压漏电检测功能（高压配电模块、漏电传感器）；实现 CAN 通信、故障处理记录、在线 CAN 烧写及自检等功能。

VTOG 主要包含控制板、驱动板、采样板、泄放电阻、预充电阻、霍尔电流传感器、接触器等元器件，其内部结构如图 7-5 所示。它除有电机驱动控制功能之外，还具备充放电功能，可以实现交流电、直流电转换，双向充电、放电控制功能；自动识别单相、三相相序并根据充电电流控制充电方式，根据充电设备识别充电功率，控制充电方式；具有断电重启功能，在电网断电又供电时，可继续充电。车辆具有对电网放电、对用电设备供电及对车辆充电的功能。

车载充电机简称"OBC"，它的作用是将交流充电口传递过来的（220 V/50 Hz）

图7-5　VTOG内部结构

交流电转换为直流高压电，为动力电池充电，其安装位置如图 7-6 所示。3.3 kW 功率以内的单相交流充电均通过 OBC 进行，而功率大于 3.3 kW 的交流充电（含单相和三相交流）通过 VTOG 进行。小功率充电时，OBC 的效率高于 VTOG。

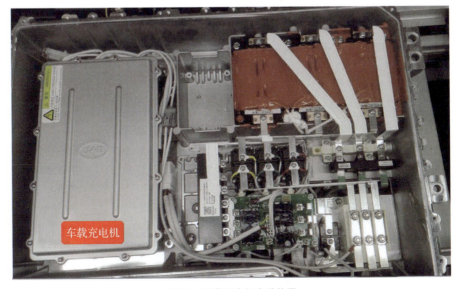

图7-6　车载充电机安装位置

7.2 交流、直流充电系统

电动汽车的充电系统一般有交流和直流两种充电方式。交流充电也叫慢充，因为车载充电机安装空间和制造成本的原因，有些厂商有取消交流充电功能的趋势。交流充电主要通过交流充电桩、壁挂式充电盒及家用供电插座接入交流充电口，通过高压电控总成将交流电转为直流高压电，给动力电池充电。直流充电也叫快充，公共场所和高速服务区等地安装的充电站一般是这种类型。直流充电主要是利用充电站的充电柜将直流高压电直接通过直流充电口输入给动力电池。

有的电动汽车的交流充电口安装在车辆LOGO处，如图7-7所示，直流充电口安装在车身左后侧（位置和外观类似燃油汽车的油箱口盖），也有的车型交流、直流充电口布置在一起，如图7-8所示的比亚迪e5。充电时，根据选择的充电类型，将交流充电插头或者直流充电插头连接到相应的充电插座，连接正确后开始充电。充电口连接后形成检测回路，当出现连接故障时，整车控制器（VCU）可以检测到该故障。

图7-7　交流充电连接方式（江淮iEV7S）

图7-8　交流与直流充电口位置（比亚迪e5）

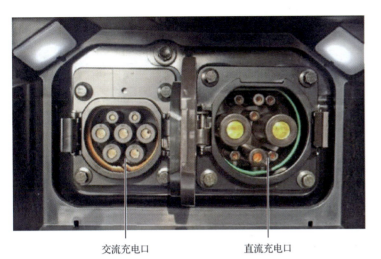

　　交流充电口　　　　　直流充电口　　　　　　　充电口盖拉锁

图7-8　交流与直流充电口位置（比亚迪e5）（续）

充电口的端子连接定义，以比亚迪 e5 为例，如图 7-9 所示。

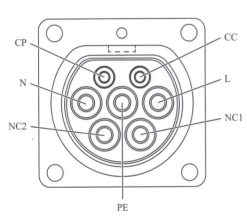
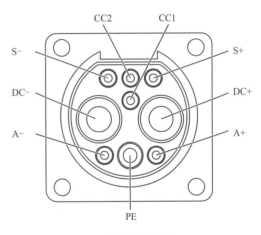

A．交流充电口端子　　　　　　B．直流充电口端子

```
L—A 相                    DC+，DC——直流充电正极、负极
NC1—B 相                  A+，A——低压辅助电流正极、负极
NC2—C 相                  CC1—车身地（1kΩ±30Ω）
N—中性线                  CC2—直流充电感应信号
PE—地线                   S+—通信线，CAN(H)
CC—充电连接确认           S——通信线，CAN(L)
CP—控制导引               PE—地线
```

图7-9　交流、直流充电端子定义

　　交流充电控制：当 VCU 判断整车处于充电模式时，吸合 M/C 继电器，根据高压电池的可充电功率及车载充电机的状态，向车载充电机发送充电电流指令。同时，车载充电机吸合交流充电继电器，VCU 吸合系统高压正极继电器和高压负极继电器，高压电池开始充电。交流充电路径如图 7-10 所示。

　　直流充电控制：当直流充电设备接口连接到整车直流充电口时，直流充电设备发送充电唤醒信号给 VCU，VCU 吸合 M/C 继电器，根据高压电池的可充电功率及车载充电机的状态，向直流充电设备发送充电电流指令。同时，VCU 吸合直流充电继电器、系统高压正极继电器和高压负极继电器，高压电池开始充电。直流充电路径如图 7-11 所示。

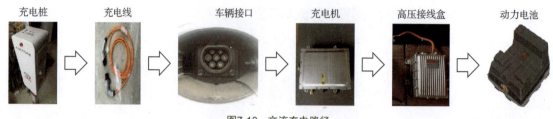

图7-10 交流充电路径

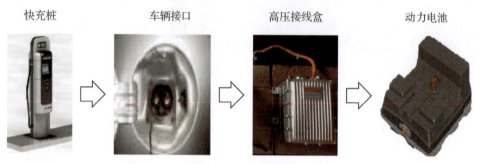

图7-11 直流充电路径

以江淮新能源车型为例,交流充电与直流充电的连接电路如图7-12所示。

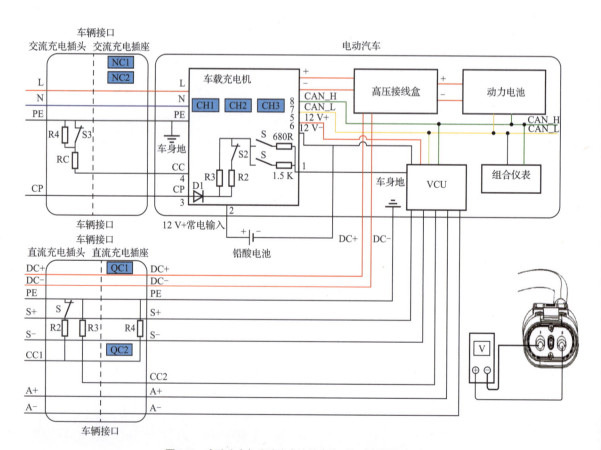

图7-12 交流充电与直流充电连接电路(江淮新能源车型)

7.3 DC/DC 转换器

DC/DC 转换器的作用是将 80 V 电压降为 12 V，其作用有两个：一是电池电压在使用过程中不断下降，用电器得到的电压是一个变化值，DC/DC 转换器可以为用电器提供稳定的电压；二是给辅助低压电池补充电能。其在新能源汽车中的角色相当于传统汽车中的发电机。电动汽车 DC/DC 转换器与传统汽车的发电机的功能对比，如图 7-13 所示。

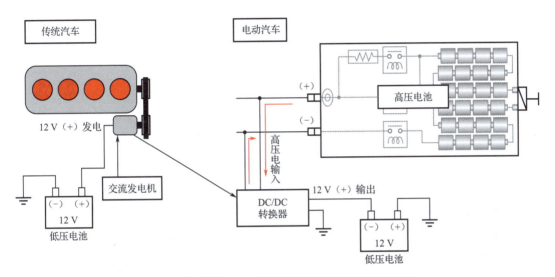

图7-13　电动汽车DC/DC转换器与传统汽车发电机功能对比

车辆静置时间超过 60 h，VCU 控制 DC/DC 转换器给 12 V 低压电池充电 15 min。

以下任意一个条件被满足时，退出 12 V 自动充电功能，且远程智能终端计时清零：

- 钥匙置于"ON"挡或旋至"START"位。
- 开始直流或交流充电。
- 开始远程空调或远程充电。

提示：当 12 V 低压电池正在自动充电时，上电开关开启或关闭，12 V 低压电池将停止自动充电。

第8章 电池管理系统

8.1 系统工作原理

电池管理系统英文全称为"battery management system",简称"BMS"。以北汽 E150EV 为例,BMS 实体模块如图 8-1 所示。

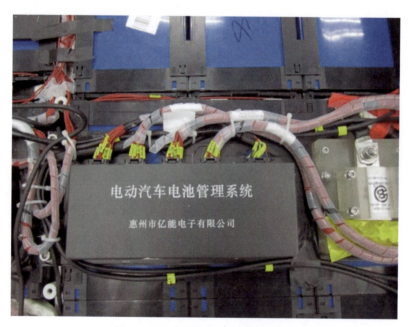

图8-1 BMS实体模块(北汽E150EV)

BMS 的作用:它是电池保护和管理的核心部件。在高压电池系统中,它的作用相当于人的大脑。它不仅要保证电池安全可靠,而且要充分发挥电池的能力和延长电池的使用寿命。作为电池和 VCU 及驾驶者沟通的桥梁,它通过控制接触器控制高压电池组的充电、放电,并向 VCU 上报高压电池系统的基本参数及故障信息。

BMS 的功能:通过检测电压、电流及温度实现对高压电池系统的过压、欠压、过流、过热和过冷保护,以及继电器控制、SOC(荷电状态)估算、充放电管理、均衡控制、故障报警及处理、与其他控制器通信等功能;此外,它还具有高压回路绝缘检测功能,以及为高压电池系统加热。

BMS 的组成:包括硬件和软件两类,按功能分为数据采集单元和控制单元。

硬件:主要为主板、从板及高压盒,还包括采集电压、电流、温度等数据的电子器件。

软件:包括监测电池的电压、电流、SOC 值、绝缘电阻值、温度值等功能,通过与 VCU、充电机的通信来控制高压电池系统的充电和放电。

众泰芝麻 E30 电动汽车将 BMS 集成在动力电池中。

如图 8-2 所示，BMS 由一个电池管理主控单元（BCU）和一个电池管理从控单元（BMU）构成，BCU 负责检测 24 节串联电池电压及 6 个温度点的温度，BMU 负责检测 24 节串联电池电压及 8 个温度点的温度。

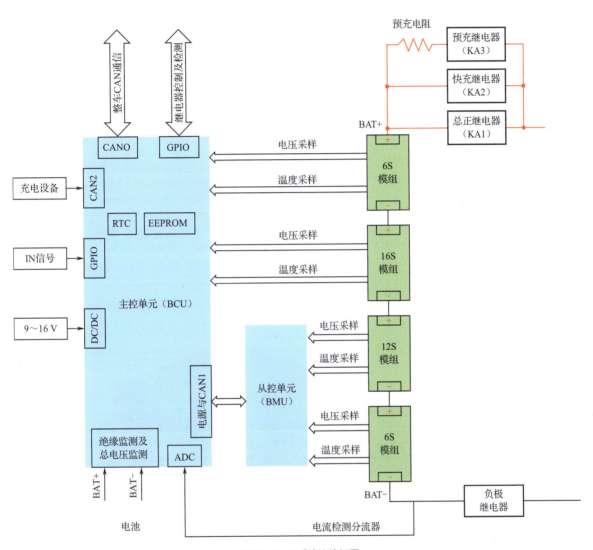

图8-2　BMS系统连接框图

BMS 主要功能如下：
- 电池单体电压及电池组总电压检测（40 个单体电压及总电压）；
- 电池组温度检测及热管理（10 个外部温度点检测及 2 路内部温度检测，加热控制电路）；
- 电池组充电、放电电流的检测（分流器）；
- 3 路 CAN 通信（整车 CAN，内部 CAN，预留快充 CAN）；
- 管理系统供电电源检测，系统上电控制（ACC、ON、慢充），延时掉电；
- 电池组高压模块管理（总正、慢充、总负、预充、加热）。

- 电池组故障诊断（包含但不限于过压、欠压、过流、过热、绝缘、SOC 过低、CAN 通信、预充电失败、继电器故障）；
- 电池组 SOC 估算；
- 在线软件升级；
- 外部控制信号检测（高压连接插件状态、唤醒信号等）；
- 电池组漏电检测；
- 慢充及快充检测接口（国标）；
- 数据存储；
- 单体电芯均衡；
- 充电管理（交流充电和直流充电）；
- 实时最大允许充电、放电功率或电流估算。

8.2 电池温度管理

电动汽车的高压电池在快速充电、放电的过程中，会产生大量的热量，如果不及时有效地降温，不仅会影响电池的效能，同时会对车辆的安全形成威胁。因此，高压电池都有专门的冷却电路，早期的油电混合动力汽车有的通过空气流动散热，现在的电动汽车一般利用冷却液流通来带走电池的热量。以比亚迪秦 EV 和 e5 车型为例，其高压电池内部结构如图 8-3 所示。

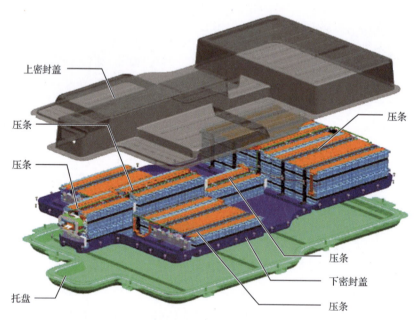

图8-3　高压电池内部结构（比亚迪秦EV和e5车型）

高压电池内部冷却管路如图 8-4 所示。

高压电池水冷系统工作原理如图 8-5 所示，其不同控制模式下各执行部件工作状态如表 8-1 所示。

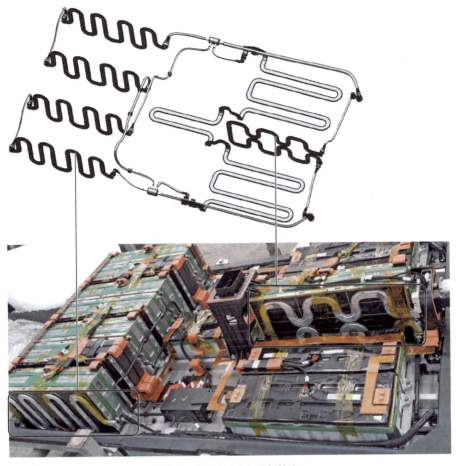

图8-4　高压电池内部冷却管路

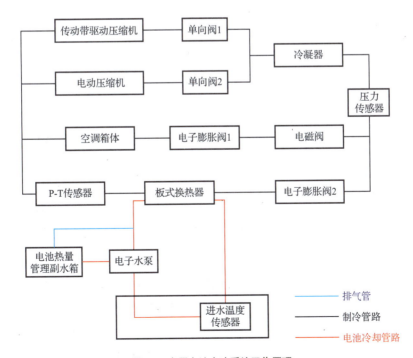

图8-5　高压电池水冷系统工作原理

表8-1　高压电池水冷系统不同控制模式下各执行部件工作状态

不同控制模式	电磁阀	电子膨胀阀1	电子膨胀阀2	电子水泵
制冷工作模式	打开	打开	关闭	关闭
电池冷却模式	关闭	关闭	打开	工作
制冷电池冷却模式	打开	打开	打开	工作

在寒冷地区，低温会影响电池的活性，从而影响其充电、放电性能，这个时候需要给电池加热，使其保持在适宜的温度区间。因此，有的电动汽车专门设计了电池加热系统，图8-6所示为比亚迪的电池加热器。电池加热器以串联的方式布置在冷却加热系统回路中。BMS根据电池的需求，发送请求启动加热的指令，加热器根据指令启动加热功能。

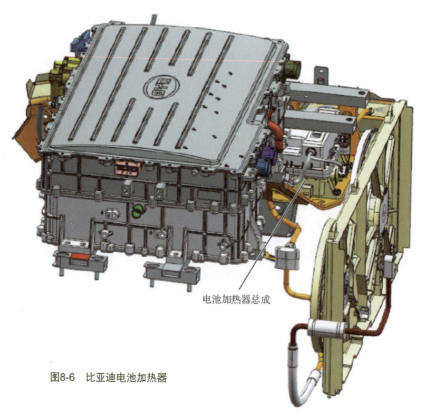

图8-6　比亚迪电池加热器

电池加热器配置专门的熔断器，如图8-7所示。

图8-7　电池加热器的熔断器

PTC 电池加热冷却液循环回路如图 8-8 所示。

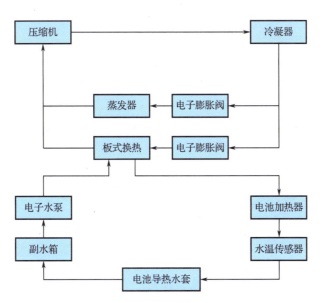

图8-8　PTC电池加热冷却液循环回路

第9章 电驱系统

9.1 电机基本结构与原理

电机组成部件和电路连接如图9-1所示。电机装有一个定子绕组,绕组如同电动机一样,可产生一个旋转磁场。

当电机作为电动机工作时,定子绕组会产生一个旋转磁场。转子是一个可以产生磁场的永磁体。同步电机的转速可通过感应交流电的频率精确控制。系统中装有一个变频器,对同步电机转速进行无级调整。转子位置传感器可持续检测转子的位置,控制电子器件以此测定发动机的实际转速。电机工作原理如图9-2所示。

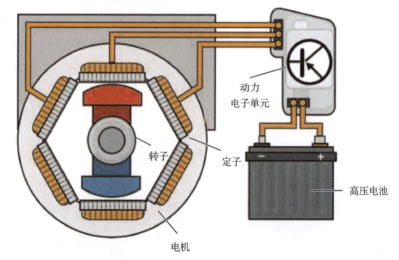

图9-1 电机组成部件和电路连接

如果电机作为发电机工作，转子通过变速器从外部驱动。当转子的磁场通过定子绕组时，每相的线圈上都会产生感应电动势。转子磁场会依次通过绕组。动力电子单元将获得的电能转化为 288 V 直流充电电流，对高压电池充电。

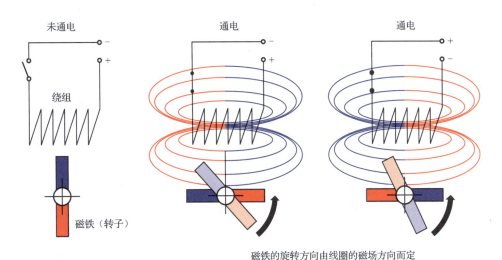

图9-2 电机工作原理

9.2 电机类型与特性

对于空间尺寸要求比较高的中小型电动汽车来说，功率和扭矩密度更高的永磁同步电机就是优先的选择。永磁同步电机更适合频繁启停的工况，适合城市上下班通勤的应用场景，这也是特斯拉 Model 3 改用永磁同步电机的原因之一。以通用汽车为例，永磁同步电机结构如图 9-3 所示。

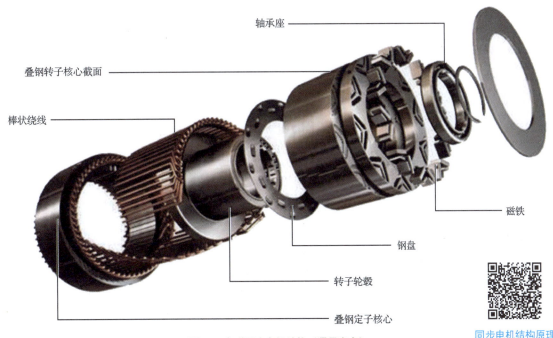

图9-3 永磁同步电机结构（通用汽车）

同步电机结构原理

相比永磁同步电机，交流感应电机体积较大，但价格适中。交流感应电机可以被做得功率很大，不存在退磁问题，所以一些大型车或者追求性能的电动汽车，如特斯拉 Model S 和蔚来 ES8，采用交流感应电机，如图 9-4 所示。

图9-4　电动汽车交流感应电机（蔚来ES8/ES6）

开关磁阻电机结构简单、坚固、维护方便，启动及低速时扭矩大、电流小；高速恒功率区范围宽、性能好，在宽广转速和功率范围内都具有高输出和高效率，且有很好的容错能力。

开关磁阻电机转子上产生的扭矩是由一系列脉冲扭矩叠加而成的，由于双凸极结构和磁路饱和非线性的影响，合成扭矩不是恒定扭矩，有一定的谐波分量，影响了电机低速运行的性能，所以传动系统的噪声与震动比一般电机大。开关磁阻电机结构如图 9-5 所示。

图9-5　开关磁阻电机结构

开关磁阻电机的优点和缺点都非常明显，对于家用车领域，像脉动引起的噪声与震动确实是难以控制和非常影响用户体验的，因此这种电机并没有被大规模应用。在商用车领域，它就可以大显身手了，国内很多电动大客车和货车上面都能够看到它的身影。

所以，中小型车以永磁同步电机为主，大型及高性能乘用车倾向使用交流感应电机，开关磁阻电机则适用于大型商用车。

9.3 永磁同步电机

永磁同步电机结构紧凑，重量轻，输出功率大，效率高。永磁铁被镶入转子中，旋转磁场和定子线圈共同作用产生扭矩。电机旋转变压器（简称"旋变"）被同轴安装在电机上，用来检测转子旋转的角度，此旋转角度被发送给电机控制模块。电机温度传感器检测电机定子内部的温度，此温度信息被发送给电机控制模块。以江淮新能源车型为例，永磁同步电机组成部件如图9-6所示。

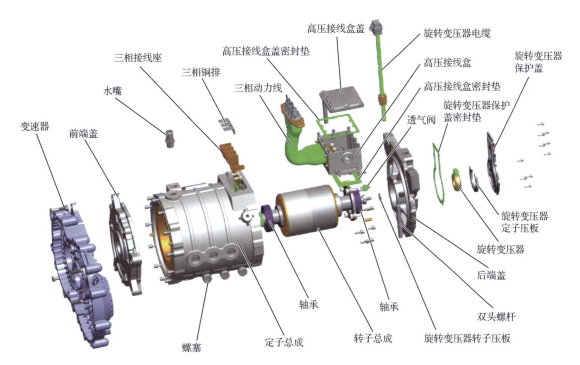

图9-6 永磁同步电机组成部件（江淮新能源车型）

永磁同步电机及其驱动系统与外部的电气接口共包括高压电部分、低压电部分和通信接口三部分。

高压电部分与整车连接的高压直流电部分：

- P——电机控制器直流正端
- N——电机控制器直流负端

电机驱动器与永磁同步电机连接的三相交流电部分：

- A（U）——电机A相（U）
- B（V）——电机B相（V）
- C（W）——电机C相（W）

电机控制器前侧配置2个低压接插件，即23针接插件和14针接插件。23针接插件主要完成电力控制单元

（PCU）、DC/DC 转换器与整车之间的通信及控制。14 针接插件中有 6 针主要完成电机控制器与电机之间的通信，电机控制器可以根据此接线端与电机的旋转变压器连接，实现对电机位置及转速的测量和计算，从而实现对电机的精确控制；2 针用于检测电机实时温度，防止电机在过热情况下工作，造成电机毁坏；4 针与电机控制器主控芯片连接，用于软件的改写、烧录，操作方便。

9.4 异步感应电机

9.4.1 部件结构

奥迪 e-tron 使用的驱动电机是异步感应电机。电机的主要部件包括带有 3 个呈 120° 布置的铜绕组（U,V,W）的定子和转子（铝制笼型转子）。转子把转动传入减速器。前桥采用平行轴式电机（APA250）来驱动车轮，后桥采用同轴电机（AKA320）来驱动车轮。前桥和后桥上每个交流驱动装置都有一根等电位线连接车身。

奥迪 e-tron 前驱电机总成部件分解如图 9-7 所示。

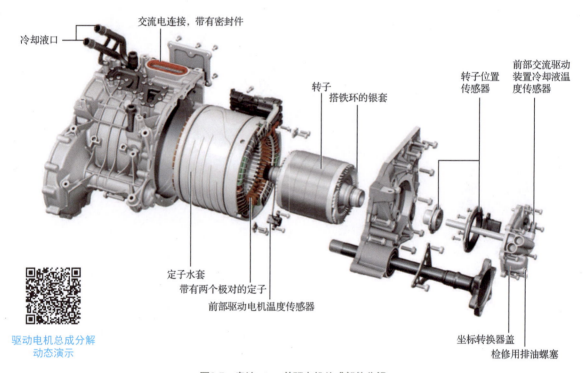

图9-7　奥迪e-tron前驱电机总成部件分解

9.4.2 电机原理

定子是通过动力电子单元获得交流电的。铜绕组内的电流会在定子内产生旋转的磁通量（旋转的磁场），这个旋转磁场会穿过定子。异步电机转子的转速慢于定子的转动磁场（这就是异步的意思），于是，在转子的铝制笼内感应出电流，转子内产生的磁场会形成切向力，使转子转动。叠加的磁场产生扭矩。电机工作原理如图 9-8 所示。

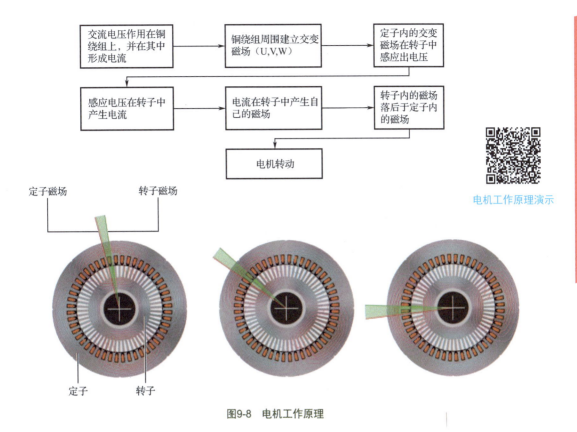

图9-8 电机工作原理

在电驱动模式中,动力电子单元将高压电池的直流电转换成三相交流电。这个转换是通过脉冲宽度调制(PWM)来进行的,其原理如图9-9所示。转速是通过改变频率来进行调节的,电驱动装置电机的扭矩是通过改变单个脉冲宽度的接通时间来调节的。

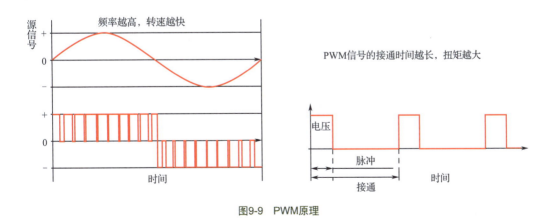

图9-9 PWM原理

以奥迪 e-tron 为例,在一台有两个极对的异步电机上达到 1000 r/min 的磁场转速,需要使用 33.34 Hz 的交流电。因受到异步电机转差率的限制,所以转子转得慢些。

9.5 电机控制器

以传祺 GA3S 车型的电机控制总成为例，该装置是集成了 ISG、TM 及 DC/DC 转换器的控制器，其工作电压为 220～460 V，瞬时最高电流为 445 A。电机控制器位置如图 9-10 所示。

集成电机控制器包括控制电路、功率驱动单元、DC/DC 转换器、高低压接插件、内部线束和相关的软硬件等。集成电机控制器作为发电机和驱动电机的控制器，集成了 DC/DC 转换器，是双电机控制器。

图9-10 电机控制器位置

电机控制器的作用：接收整车命令；将直流电转化为交流电，控制电机在不同转速下的扭矩输出；将电机控制器的状态返回给 VCU。电机控制器系统连接如图 9-11 所示。

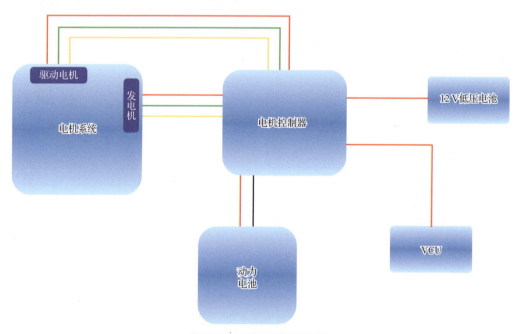

图9-11 电机控制器系统连接

图9-12所示为电机控制器组成部件，薄膜电容的主要功能是储能作用，特别是在电机高速制动工况下能快速地储存电机能量反馈的电能，另一个功能就是在电机启动的瞬间给IGBT提供较大的启动电流，保证电机顺利启动。电机控制器的核心零部件为IGBT，控制器通过IGBT变频开关来控制电机的运行。DC/DC转换器主要的功能是将高压直流电转化为低压直流电，为电池补充电量，以及给整车低压电器提供电能。

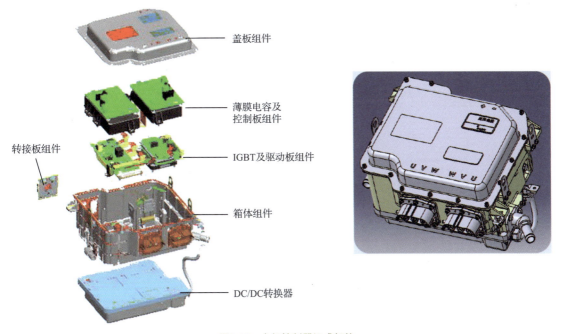

图9-12 电机控制器组成部件

电机控制器是一个将电池的直流电转换为交流电并驱动电机的设备，英文简称为"EMC"。在交流电转换成直流电的过程中，交流频率和电压可以改变，控制参数可以有很高的自由度。图9-13所示为江淮新能源车型的电机控制器结构。

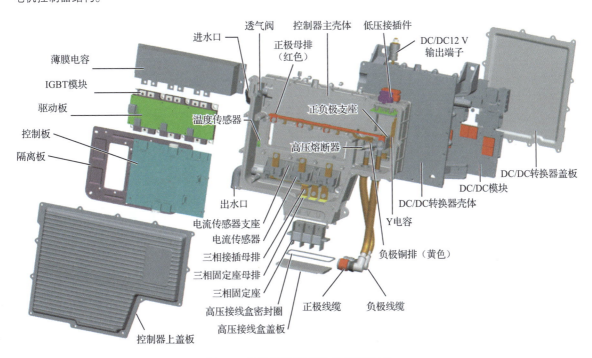

图9-13 江淮新能源车型电机控制器结构

PCU 将动力电池的直流电转换成电机可用的交流电，电机完成扭矩输出。

VCU 基于加速踏板位置信号、挡位信号和车速信号计算车辆的目标扭矩，并通过 CAN 发送扭矩需求指令给电机控制器。电机控制流程如图 9-14 所示。

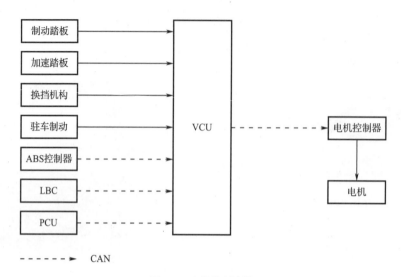

图9-14　电机控制流程

在电机扭矩请求信号由 VCU 通过整车 CAN 发送过来的基础上，电机控制器控制电机。电机控制器将电池的直流电转换为交流电，并同时采集电机位置信号和三相电流检测信号，精确地驱动电机。电机控制原理如图 9-15 所示。

在减速阶段，电机作为发电机使用。它可以完成从车轮旋转的动能到电能的转换，给电池充电。

如果有故障发生，系统将进入安全失效模式（fail-safe）。

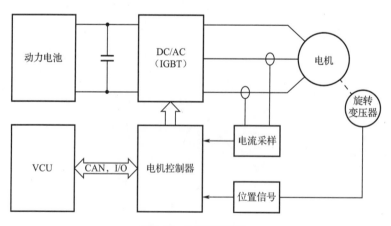

图9-15　电机控制原理

9.6 电驱冷却系统

利用热传导的原理,电驱冷却系统通过冷却液在冷却系统回路中循环,使前功率控制单元(PEU_F)、后功率控制单元(PEU_R)、驱动电机保持最佳的工作温度。冷却液要定期更换才能保持最佳效率和耐腐蚀性。

前后驱动冷却系统布置如图9-16所示。

驱动电机冷却系统演示

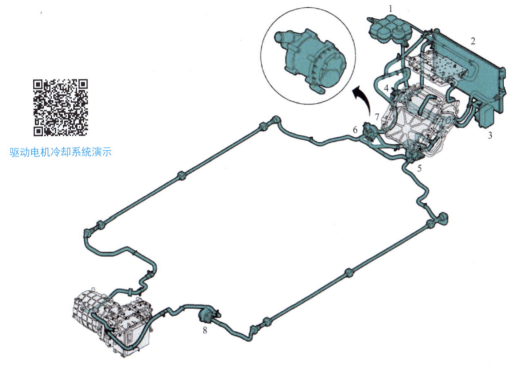

1—膨胀水壶;2—散热器;3—低压热交换器;4—散热器三通阀;5—四通阀;6—动力电池三通阀;
7—电子水泵—前驱动电机;8—电子水泵—后驱动电机

图9-16 前后驱动冷却系统布置

以蔚来ES6为例,冷却系统由膨胀水壶、电子水泵、冷却液水管、三通阀和四通阀、电池加热器、散热器、冷却风扇、冷却液温度传感器等部件组成。

电子水泵的作用是对冷却液加压,保证其在冷却系统中循环流动。系统中有2个水泵,型号相同,均为无刷直流电机,额定功率为50 W。电子水泵主要负责前驱动系统冷却循环、后驱动系统冷却循环,根据不同温度需求,各自独立工作。

三通阀和四通阀安装于系统冷却液管路中,用减震垫固定在支架上,减小震动与噪声。三通阀和四通阀均为步进式无刷直流电机,根据系统控制需求,用来打开和关闭各个冷却液通道,实现不同冷却模式。三通阀有2个,分别是散热器旁通三通阀、电池回路三通阀;四通阀有1个。

冷却风扇用4个螺栓固定在冷凝器上,由PWM和冷却风扇组成,PWM控制器根据VCU控制信号和环境控制单元(CCU)控制信号来控制冷却风扇的转速。

冷却系统有两个冷却液温度传感器,分为出口(前电机出口)冷却液温度传感器和进口(四通阀入口)冷却液温度传感器,分别安装在前后电机至旁通三通阀水管总成和四通阀进水管总成上。冷却液温度传感器是负温度系数(NTC)热敏电阻。

第10章 混合动力系统

10.1 丰田混合动力系统

THS（Toyota Hybrid System）即丰田混合动力系统英文全称缩写。THS 的核心是由行星齿轮机构组成的动力合成器（或称为动力分配器），用于协调发动机、发电机和电动机的运行和动力传递。

THS 具有的控制功能如表 10-1 所示。

表10-1 THS具有的控制功能

项 目	概 要
怠速停止	自动停止发动机的怠速运转（怠速停止），以减少能量损失
EV 行驶（高效行驶控制）	发动机效率低时，仅使用电动马达即可驾驶车辆。此外，发动机效率高时可发电。进行此控制的目的是使车辆的总效率达到最高
EV行驶模式	如果驾驶员操作开关且满足工作条件，车辆可仅依靠电动马达行驶
马达辅助	加速时，电动马达补充发动机动力
再生制动（能量再生）	减速期间和踩下制动踏板时，收集以往以热量形式损失的部分能量，生成电能，如作为马达动力

THS-II 主要由发动机、混合动力车辆驱动桥总成、带转换器的逆变器总成和高压电池等组成，采用混联式混合动力系统，总成部件如图 10-1 所示。

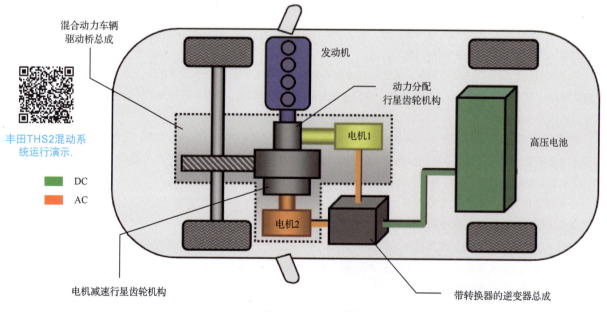

图10-1 THS-II总成部件

以雷克萨斯 CT200H 为例，该车型混合动力系统部件如图 10-2 所示。

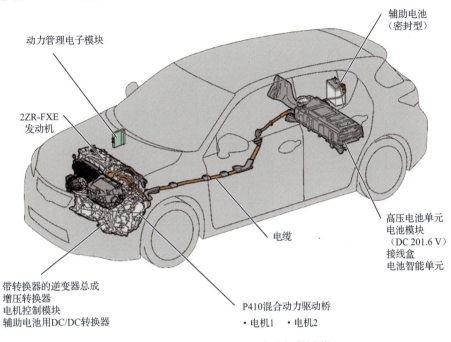

图10-2 雷克萨斯CT200H混合动力系统部件

10.2 本田混合动力系统

本田的 i-MMD 智能化多模式混合动力系统是在串联式基础上具备发动机直接驱动模式（高速时）的全新混合动力系统，其系统关键部件如图 10-3 所示。

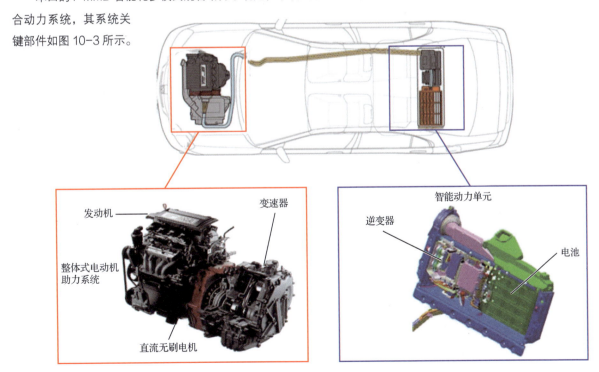

图10-3 本田i-MMD系统关键部件

电动动力系统由高压电机和发动机提供动力。系统根据行驶情况或通过手动操作 EV 开关切换驱动力。发动机为 LFA1 2.0 L DOHC i-VTEC 顺序多点燃油喷射发动机,与高压电机联合驱动车辆。

除发动机外,其主要部件还包括变速器(e-CVT)内的两个高压电机、发动机室中的电力控制单元(PCU)、行李箱中的高压电池、电源控制单元和高压电池之间的高压电机电源逆变器单元电缆。其系统组成如图 10-4 所示。

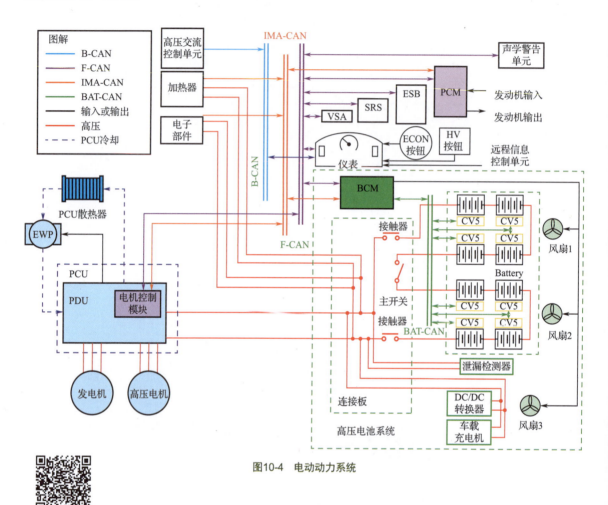

图10-4 电动动力系统

本田混动系统组成与运行演示

10.3 通用混合动力系统

以雪佛兰迈锐宝 XL 车型为例,EVT 电控智能双电机无级变速器采用双电机驱动技术,集成式控制模块(TPIM),永磁同步电机为第二代 Voltec 系统电机,最大功率分别为 60 kW、54 kW,最大扭矩分别为 275 N·m、140 N·m。通用混合动力系统部件如图 10-5 所示。

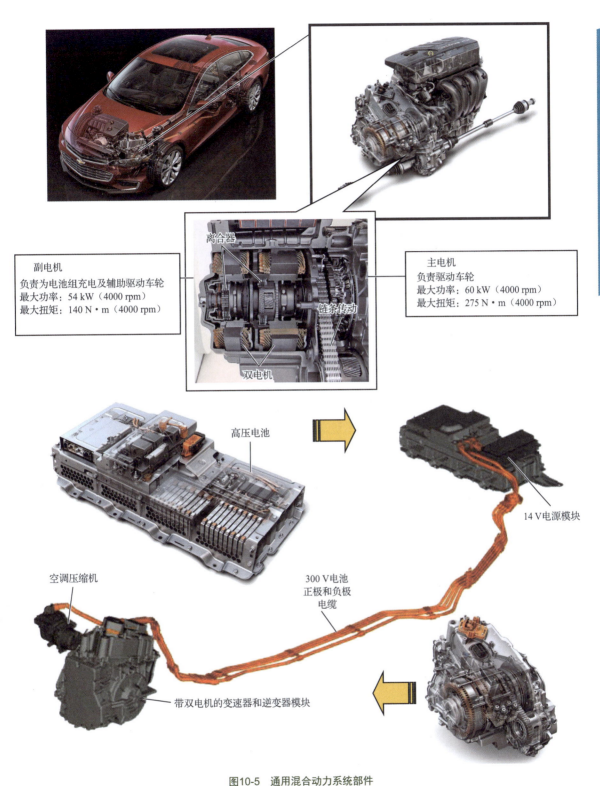

图10-5 通用混合动力系统部件

该混合动力系统结合了电动驱动和发动机驱动两种模式。

当处于电动模式时，车辆仅由存储在电池组中的电能供电。车辆可在该模式下行驶，直至对加速度与扭矩的需求需要内燃机提供帮助或高压电池已达到最低电量状态。

处于混合动力模式时，变速器结合驱动电机和内燃机的输出来驱动车辆。

该混合动力系统不使用12V启动电机启动内燃机。位于变速器内的更强劲的300V电机（主电机）用于启动内燃机。该电机能够在几百毫秒内使内燃机以工作速度旋转。

车辆的车载计算机确定需要运行内燃机的时间。强制内燃机运行的正常车辆情况如下：
- 混合动力或电动汽车电池组的电量过低
- 发动机舱盖打开或未完全锁定
- 环境温度低

系统维修模式可用于维修和诊断、确认故障指示灯（MIL）是否正确运行及可能用于排放检查目的。车辆熄火且制动踏板未被踩下时，按住电源按钮5s以上可将车辆置于维修模式。仪表和音频系统的运行方式与启动时相同，但车辆将无法行驶。驱动系统不会在维修模式中启动。

当车辆滑行或制动时，电源逆变器模块可能以发电模式将驱动电机作为发电机运行。作为发电机运行时，驱动电机向传动机构施加负载，帮助降低车辆速度。驱动电机产生的电能被电源逆变器模块转移到电池组。

10.4 比亚迪DM-i系统

DM是"DualModel"的缩写，意思是双模式（燃油+电动）。比亚迪的DM车型都是插电式混合动力汽车（PHEV）。DM-i是比亚迪主打节油的超级混合动力技术，与其对应的就是DM-p，主攻四驱性能。比亚迪DM各版本的区别如表10-2所示。

表10-2 比亚迪DM各版本的区别

项　目	DM	DM-i	DM-p
技术目标	节能与性能兼顾	更低能耗	更高性能
电机布置	180 kW后置（后驱）；250 kW前置+180 kW后置（四驱）	145 kW/160 kW前置（前驱）	与DM相同
发动机类型	2.0 T普通发动机，最大功率141 kW，最大扭矩320 N·m	1.5 T骁云（米勒循环）发动机，最大功率139 kW，最大扭矩231 N·m	与DM相同
变速器类型	6挡湿式双离合变速器	E-CVT无级变速器	与DM相同

比亚迪电混系统（electric hybrid system）简称"EHS"，EHS是DM-i超级混合动力系统的核心。EHS集成了发电机、驱动电机、双电控（可单独更换）、离合器及液压系统等。发电机由发动机带动发电，产生的电能可通过驱动电机驱动车轮转动及给整车低压用电器供电，还能给动力电池充电。驱动电机可以利用发电机产生的电能及电池的电能来驱动车辆，双电控则控制着发电和驱动两个过程。离合器通过结合和分离，实现对发动机发电和直驱两种模式的转换。液压系统通过油路实现齿轮和轴的润滑及电机的降温。

EHS各工作模式下部件工作状态及动力流传递路径如表10-3所示。

表10-3 EHS各工作模式下部件工作状态及动力流传递路径

工作模式	离合器状态	动力源	传递路径
纯电动模式	分离	驱动电机	驱动电机→副轴→差速器
串联模式	分离	发动机+驱动电机	发动机→离合器→发电机轴→发电机→逆变器（DC）→驱动电机→副轴→差速器
并联模式	结合	发动机+驱动电机	路线一：发动机→离合器→主轴→副轴→差速器 路线二：驱动电机→副轴→差速器

以比亚迪宋 PLUS DM-i 为例，其动力与高压系统主要部件如图 10-6 所示。

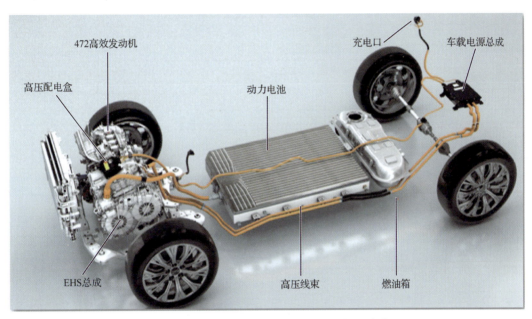

图10-6 比亚迪宋Plus DM-i动力与高压系统主要部件

该车型有两种不同的配置，51 km 车型高压系统配置如图 10-7 所示，该配置无直流充电功能，动力电池输出的高压电经过前电控，通过高压配电箱分给电动压缩机、PTC 及 DC 与 OBC。正极接触器、预充接触器、负极接触器、高压监控模块（HVSU，集成漏电传感器、霍尔电流传感器、接触器烧结检测部件等）及 BMC（动力电池管理器）集成在电池内部。

110 km 车型高压系统配置如图 10-8 所示，除低配高压结构特点外，增加直流充电配电盒，其中集成了直流充电正极、负极接触器及交流充电接触器。由于只有一个充电口，所以随车配有交流与直流转换插头。车载与前舱高压配电箱连接必须经过直流充电配电盒。

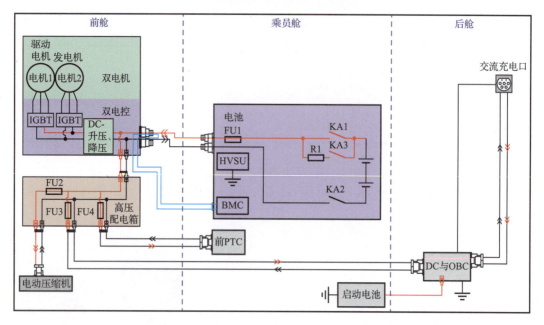

图10-7 比亚迪宋Plus DM-i高压系统配置（51 km车型）

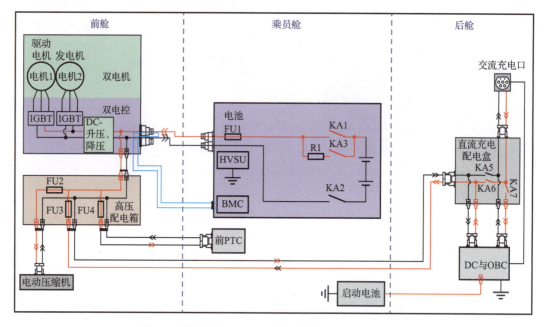

图10-8 比亚迪宋Plus DM-i高压系统配置（110 km车型）

第11章 底盘系统

11.1 纯电传动系统

宝马i3的变速器总传动比为9.7∶1,变速器输入端的转速是变速器输出端的9.7倍。该传动比通过两个圆柱齿轮对来实现,因此在变速器内输入轴旁还有一个中间轴。变速器输出端处的圆柱齿轮与差速器壳体固定连接在一起并驱动差速器。变速器内部齿轮结构如图11-1所示。差速器将扭矩分配给两个输出端,并在两个输出端之间进行转速补偿。

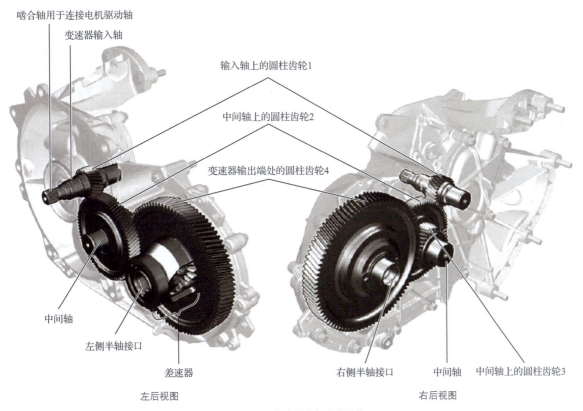

图11-1 变速器内部齿轮结构

图 11-2 的结构示意图以简化形式展示了变速器内的扭矩传输。

图11-2　变速器内的扭矩传输

11.2　混合动力传动系统

丰田 P410 混合动力车辆驱动桥总成包括电机 1（用于驱动车辆）和电机 2（用于发电），采用带复合齿轮装置的无级变速器。该驱动桥应用于丰田雷凌 - 卡罗拉双擎、第 7 代凯美瑞混合动力、第 3 代普锐斯，以及雷克萨斯 CT200H、ES300H 等车型。

此混合动力驱动桥系统使用电子换挡系统进行换挡控制。

驱动桥主要包括 电机 1、电机 2、复合齿轮装置、变速驱动桥阻尼器、中间轴齿轮、减速齿轮、差速器齿轮和油泵。丰田 P410 驱动桥内部结构如图 11-3 所示。

驱动桥为三轴结构。复合齿轮装置、变速驱动桥阻尼器、油泵、电机 1 和电机 2 安装在输入轴上。中间轴从动齿轮和减速主动齿轮安装在第二轴上。主减速器从动齿轮和差速器齿轮机构安装在第三轴上。驱动桥齿轮组连接如图 11-4 所示。

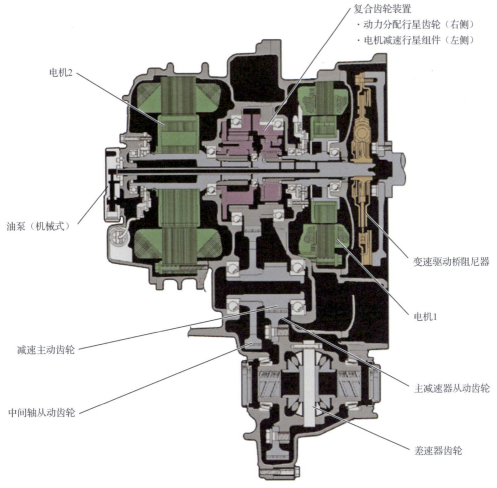

图11-3 丰田P410驱动桥内部结构

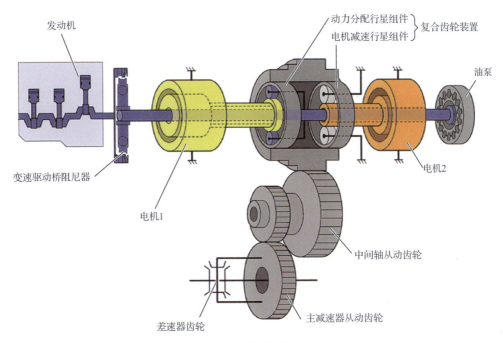

图11-4 驱动桥齿轮组连接

发动机、电机1和电机2通过复合齿轮装置机械连接。每个行星齿圈与复合齿轮机构结合，见图11-5齿轮组连接与动力分配。复合齿轮装置包括动力分配行星齿轮机构和电机减速行星齿轮机构。各行星齿圈与复合齿轮集成在一起。另外，此复合齿轮还集成了中间轴主动齿轮和驻车挡齿轮。

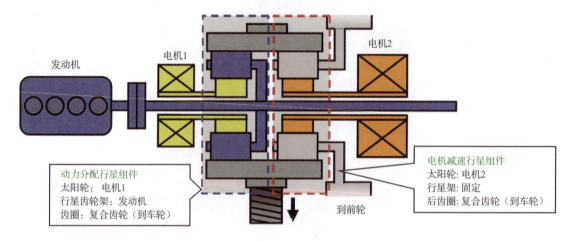

图11-5　齿轮组连接与动力分配

动力分配行星齿轮机构将发动机的原动力分成两路，一路用来驱动车轮，另一路用来驱动电机1，因此，电机1可作为发电机使用。为降低电机2的转速，采用电机减速行星齿轮机构，使高转速、大功率的电机2很好地适应复合齿轮。复合齿轮结构如图11-6所示。

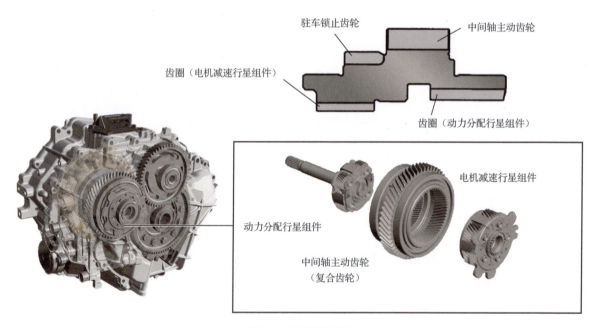

图11-6　复合齿轮结构

通用4EL70是一种全自动后轮驱动变速器，包含一个电控型连续可变电动变速器。它包括一个输入轴、三个静止式和两个旋转式摩擦离合器总成、一个液压增压和控制系统、一个电动油液泵、三个行星齿轮组和两个电动驱动电机，其内部结构如图11-7所示。

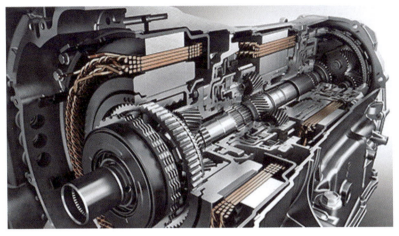

图11-7 通用4EL70变速器内部结构

通用 4EL70 变速器内部机械部件如图 11-8 所示。

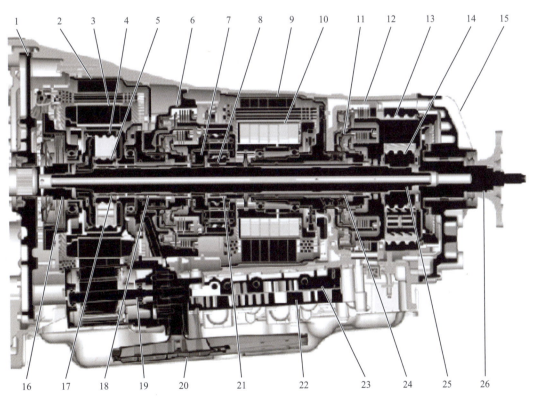

1—自动变速器扭转减震器壳体；2—驱动电机定子-位置1；3—驱动电机转子-位置1；4—太阳齿轮支架-位置1；5—太阳齿轮-位置1；6—可变1-2-3-4挡和1-2-3挡离合器；7—太阳齿轮支架-位置2；8—太阳齿轮-位置2；9—驱动电机定子-位置2；10—驱动电机转子-位置2；11—可变3-4挡和2-3挡离合器壳体；12—可变1-2挡和1-2挡离合器壳体；13—太阳齿轮支架-位置3；14—太阳齿轮-位置3；15-自动变速器壳体加长件；16—输入轴；17—太阳齿轮轴-位置1；18—可变2-3挡和1-2-3挡离合器轴；19—自动变速器油泵；20—自动变速器机油滤清器；21—太阳齿轮轴-位置2；22—控制阀电磁阀体；23—上控制阀体；24—可变3-4挡和2-3挡离合器轴；25—主轴；26—输出轴

图11-8 通用4EL70变速器内部机械部件

11.3 能量回收系统

在技术上,"回收"一般指能量回收再利用的过程。在能量回收过程中,当前形式的能量被转换为另一种形式,以便重新利用。

在动力及传动系统中,燃料中的化学能被转换为动能。如果采用传统的制动方式制动,制动摩擦产生的多余动能会转化为热能,并散发到周围环境中,不能被重复利用。能量回收原理如图11-9所示。

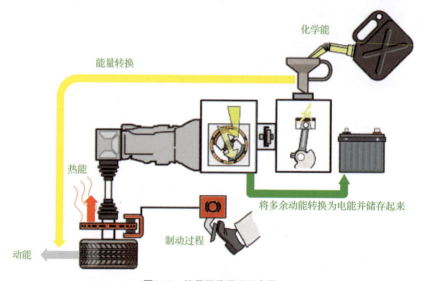

图11-9 能量回收原理示意图

反之,在混合动力系统中,在传统制动的基础上加一个发电机用于制动,一部分动能就会以电能形式被回收,以便重新利用,车辆的能量平衡性得以改善。这种制动类型也称为"再生制动"。

在车辆惯性滑行的过程中,当驾驶员踩下制动踏板、滑行至停车、下坡行驶时,能量回收系统将启用。

混合动力系统会将电机作为发电机使用,为高压电池充电。因此,在惯性滑行过程中,可利用电能为混合动力车辆"补充燃料"。在车辆滑行至停车的过程中,电机(用作发电机)只会转换12V车载电网运行所需的能量。在滑行或制动过程中,电机参与制动,将电机驱动轴部分制动能量回收存储在电池中;能量流传递路线为车轮→传动装置→电机→电机控制器→动力电池。能量回收工作流程如图11-10所示。

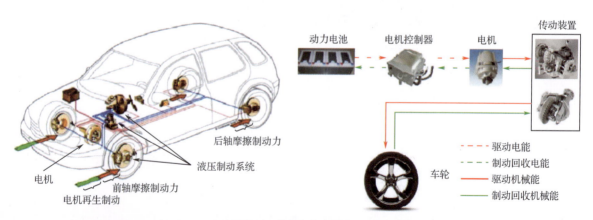

图11-10 能量回收工作流程

11.4　电动助力转向

电动助力转向英文简称"EPS"。以比亚迪唐 DM 为例，该车型使用转向机齿条助力式电动转向机构（REPS），电机在齿条上，配机械管柱，非同轴式。该系统由扭矩及转角传感器、电控单元、助力电机及相关机械部件组成，如图 11-11 所示。

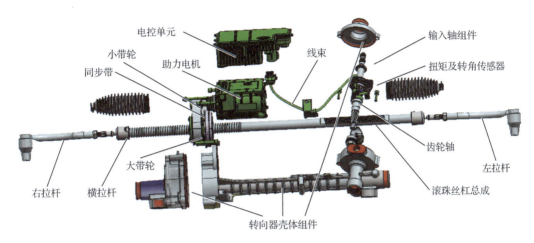

图 11-11　REPS 部件

汽车转向时，扭矩及转角传感器把检测到的信号处理后传给电控单元，电控单元同时接收车速传感器检测到的信号，然后根据车速传感器和扭矩及转角传感器的信号决定电机旋转方向和助力扭矩的大小。同时，电流传感器检测电路中的电流，对驱动电路实施监控，最后由驱动电路驱动电机工作，实施助力转向。REPS 工作原理如图 11-12 所示。

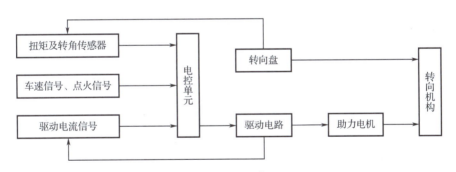

图 11-12　REPS 工作原理

11.5　电动驻车制动

电动驻车制动（EPB）采用电子按钮代替传统的驻车制动拉杆（踏板），通过 EPB 开关换挡操作完成车辆的自动驻车与释放功能。

以宝马 i3 为例，该车型的电动机械驻车制动器通过动态稳定控制（DSC）单元来控制，中控台上的一个驻车制动按钮用于启用或停用 EPB 功能，通过组合仪表向驾驶员发出当前的系统状态信息，通过两个安装在后轮制动钳上的执行机构使制动片承受经过准确计算的预应力，通过 DSC 单元存储的温度模型可推断出制动盘温度。

制动盘在冷却过程中压紧力降低，尤其在运动驾驶模式下系统必须压紧摩擦片，压紧时刻和频率根据计算的初始温度发生变化。电动机械驻车制动器打开时，执行机构移动制动片，使其达到正确调节间隙。电动汽车制动系统组成如图11-13所示，电动驻车制动器结构如图11-14所示。

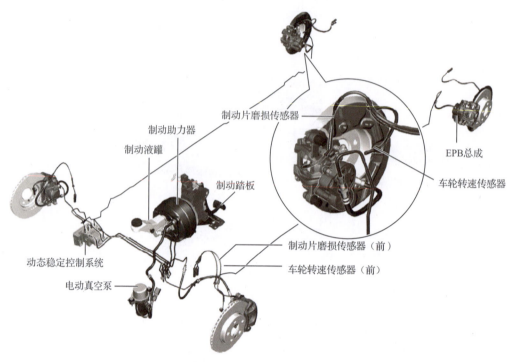

图11-13 电动汽车制动系统组成

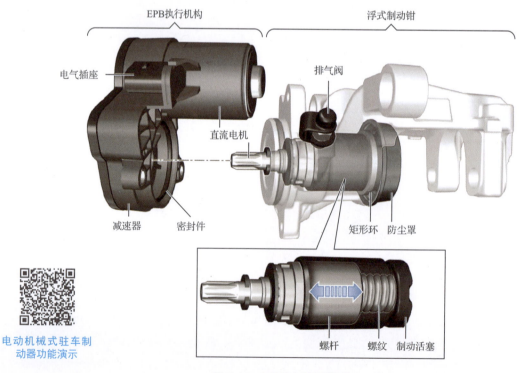

图11-14 电动驻车制动器结构

第12章 车身电气系统

12.1 电路图识读

12.1.1 电路的构成元素

在汽车电气系统中,完整电路一般由电源(电池)、熔断器、继电器、控制器(开关按钮)、用电器(如扬声器、车灯、电机、电磁阀等)与搭铁(接地)组成。图 12-1 为比亚迪海豚刮水器与洗涤器电路图。在电动汽车中存在高压部件,有别于传统的燃油汽车的电路,高压部件电路通常称为高压电路,相对于原来燃油汽车那些功能的电路(由 12 V 低压电池提供电源)叫作低压电路。汽车电路图常按系统功能划分单个电路,如把电源系统称为配电电路,把搭铁部分称为搭铁电路,把车载网络的网关及各种底盘、动力、高压、娱乐信息总线称为总线电路。

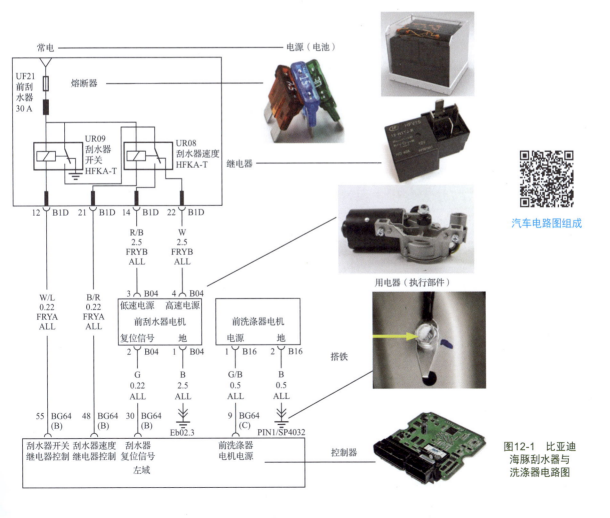

汽车电路图组成

图12-1 比亚迪海豚刮水器与洗涤器电路图

在电动汽车上，除高压系统电气部件外，就是低压系统电器。低压电器主要为12 V车载供电的电子部件，这些部件的结构、功能和原理大多数和传统的燃油汽车配置的低压电器一样。以比亚迪车型为例，比亚迪元EV535低压电器系统主要部件如图12-2所示，比亚迪e5与秦EV低压配电电路如图12-3所示。

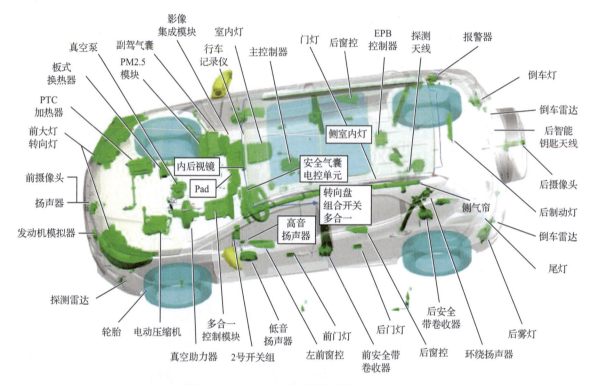

图12-2 比亚迪元EV535低压电器系统主要部件

12.1.2 导线类型与表示法

在汽车电路中，常见的导线有三种类型：第一种是不带屏蔽的标准线，用于一般电路的连接；第二种是双绞线，这种导线可以抗拒外来干扰及相互之间的串音，主要用于CAN总线、音频传输线路；第三种是带信号屏蔽层的导线，这种线可以将辐射降低在一个范围内，防止辐射进入导线内部，形成干扰，其应用如音频信号线。三种导线实物与电路表示形式如图12-4所示。

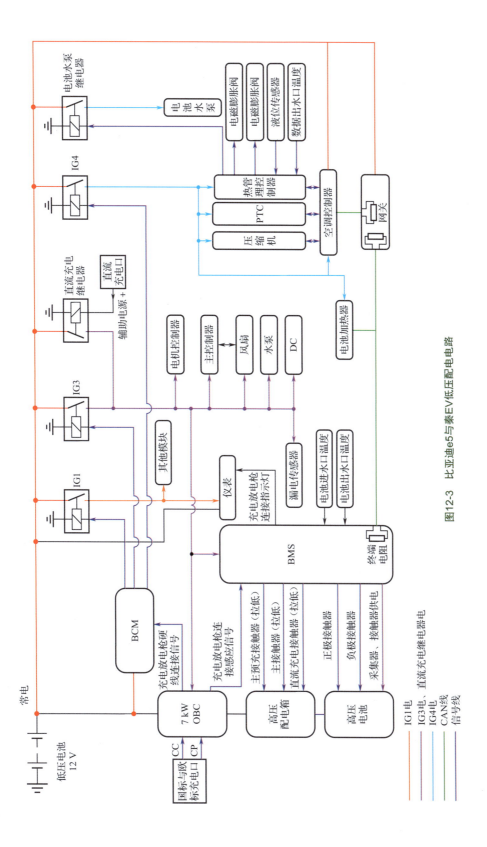

图12-3 比亚迪e5与秦EV低压配电电路

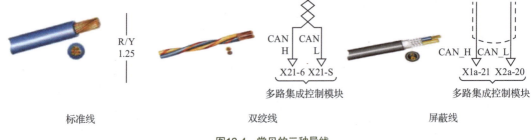

图12-4 常见的三种导线

汽车线束通过表皮颜色区分，有的导线是单色线，有的导线是双色线，即在一种颜色的基础上还有另一种颜色，通过不同颜色的组合就可以表示和区分更多信号类别的导线。在电路图中，导线的颜色用颜色名称的缩写（一般为首字母）来表示，如图12-5和表12-1所示。除了线色的表示，一般在颜色的附近还有一个数值，表示线的粗细，即导线的截面大小，单位为平方毫米。

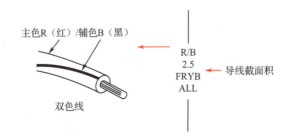

图12-5 线束颜色与粗细表示法

表12-1 电路图中的线束颜色英文缩写

颜色	白色	黑色	红色
英文	white	black	red
缩写	W	B	R
颜色	绿色	蓝色	橙色
英文	green	blue	orange
缩写	G	L	O
颜色	棕色	黄色	灰色
英文	brown	yellow	gray
缩写	Br	Y	Gr

12.1.3　接插件编码方法

以比亚迪车型为例，接插件的编码由3个部分组成，如图12-6所示。

第一部分表示位置，用线束代码的一个字母表示。

第二部分表示类别，用线束对接编号J加对接线束的代码共两个字母或者配电盒的代码表示。

第三部分表示排序，用接插件的数字编号或配电盒端子表示。

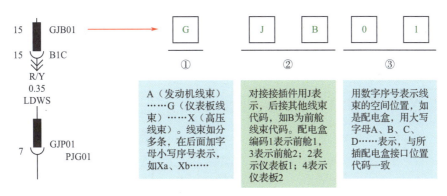

图12-6 接插件编码示例

12.2 电动空调系统

12.2.1 电动汽车制冷系统

电动汽车空调制冷系统不同于常规燃油汽车,制冷系统的动力源是电动压缩机。图12-7为比亚迪e6空调制冷系统。电动空调系统组成与常规燃油汽车类似,主要由通风和空调(HVAC)总成、空调风管总成、空调管路总成、电动压缩机、冷凝器、空调控制面板及相关传感器、空调驱动器等组成。其中空调驱动器与DC/DC转换器布置在同一壳体中,位于前舱左侧。

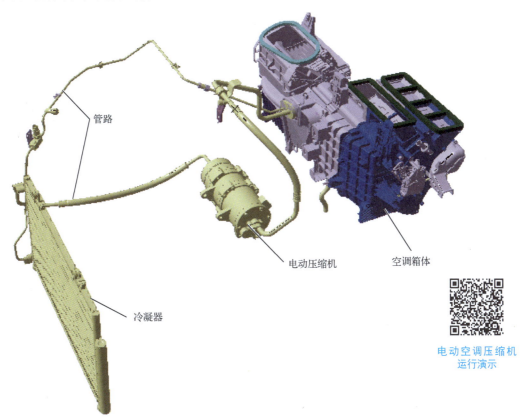

电动空调压缩机运行演示

图12-7 比亚迪e6空调制冷系统

在传统燃油汽车上，制冷压缩机依靠传动带轮，由发动机曲轴带动转动。其转速只能被动通过发动机转速来调节，空调系统无法主动对压缩机转速进行调节。比亚迪 e6 空调系统的压缩机为电动压缩机，靠高压电驱动，转速可被系统主动调节，调节范围为 0 ~ 4000 rpm。这样保证了良好的制冷效果，同时节省了电能。

12.2.2　电动汽车加热系统

传统燃油汽车通过发动机冷却水的热量来制热，在发动机启动和暖机阶段制热效果不好。

以广汽 GA3S PHEV 车型为例，暖风系统采用发动机及 PTC 加热器（最大功率 5000 kW）作为热源。根据车辆的使用工况及用户需求，车辆自动选择发动机或者 PTC 加热。PTC 加热器通过发热元件将水加热，将电能转化为热能。广汽 GA3S PHEV PTC 加热器安装位置如图 12-8 所示。

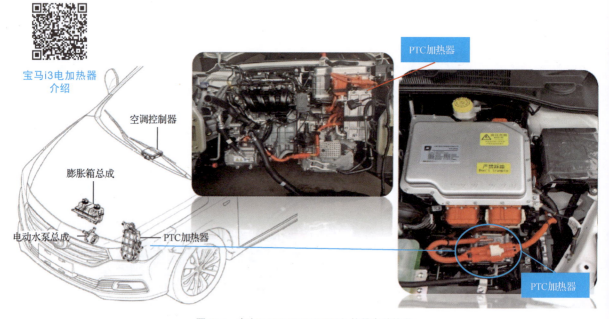

图12-8　广汽GA3S PHEV PTC加热器安装位置

PTC 加热器、电动压缩机为新能源汽车的耗电部件，会消耗动力电池电能，长期开启会影响纯电动汽车的行驶里程，建议适度开启，避免动力电池电量消耗过快。

冷却液在 PTC 加热器中加热后，由暖风水管流入空调暖风水箱中，通过鼓风机使车厢内冷空气与暖风水箱进行热交换，之后热风从风道进入乘客舱，从而起到采暖、除霜、除雾的作用。系统有发动机和 PTC 两个加热元件，根据需求进行切换，以满足用户需求，使效率达到最佳。PTC 加热器工作原理如图 12-9 所示。

12.2.3　热泵空调系统

以大众 ID.4X 为例，该车型采用的热泵空调系统组成部件如图 12-10 所示。

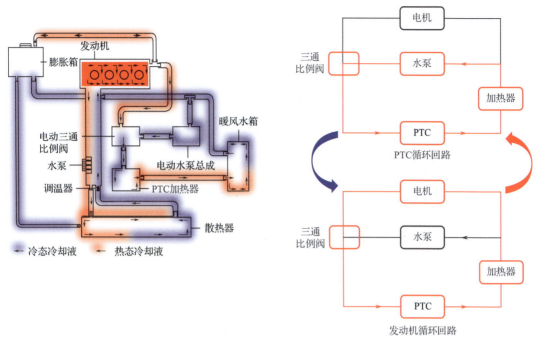

图12-9 PTC加热器工作原理

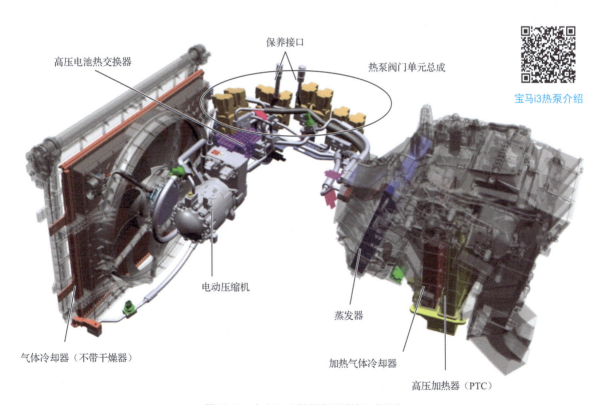

图12-10 大众ID.4X热泵空调系统组成部件

热泵阀门单元总成包括4个由电动截止阀（ASV）和（或）电动膨胀阀（EXV）组成的双阀体、各种管道、高压电池热交换器、带干燥器和内部热交换器的储液罐。热泵阀门单元组成部件如图12-11所示。

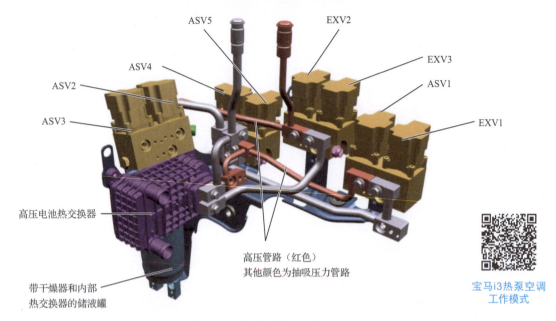

图12-11 热泵阀门单元组成部件

阀体在不同阶段的工作状态如表12-2所示。

表12-2 阀体在不同阶段的工作状态

阀门	冷却阶段				加热阶段		
	冷却汽车内部空间	汽车内部空间与电池	仅电池	再加热阶段	空气热泵	空气/水	水热泵
ASV1	关闭	关闭	关闭	打开	关闭	关闭	关闭
ASV2	打开	打开	打开	关闭	关闭	关闭	关闭
ASV3	关闭	关闭	关闭	打开	打开	打开	打开
ASV4	打开	打开	打开	打开	关闭	关闭	关闭
ASV5	关闭	关闭	关闭	关闭	打开	打开	关闭
EXV1	关闭	关闭	关闭	关闭	—	—	—
EXV2	—	—	—	—	—	—	关闭
EXV3	关闭	—	—	关闭	关闭	—	—

注：膨胀阀开度根据压力和温度值电动调节

热泵系统有5个压力与温度传感器（p/T），它们的功能和内部结构都一样，传感器安装位置如图12-12所示。p/T1在冷却、加热和再加热的所有运行阶段探测压缩机出口处的压力和温度。p/T2在所有运行阶段探测带干燥器的部件（收集盘）入口处的压力和温度。p/T3在冷却和再加热运行阶段探测前部气体冷却器出口处的温度。在热泵运行阶段，该传感器探测前部气体冷却器入口前面的测量值。在不同的运行模式下，制冷剂的流动方向会发生变化。p/T4在冷却和再加热运行

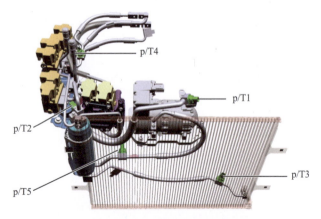

图12-12 压力与温度传感器安装位置

阶段探测空调装置中蒸发器入口处的压力和温度。在热泵运行期间，制冷剂的流动方向再次切换，因此传感器会提供蒸发器出口处的相关数值。p/T5 在所有运行阶段都会探测压缩机入口处的压力和温度。

带干燥器和内部热交换器的储液罐如图 12-13 所示，内部热交换器以一种管道螺旋形式围绕储液罐运行。储液罐由带注油孔的抽吸管、干燥剂袋和气体导管等组成。收集盘的干燥剂袋吸收系统中的残留湿气。如果制冷剂循环回路保持打开状态的时间不确定，则必须更换收集盘。

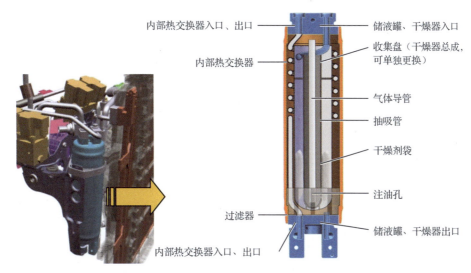

图12-13　带干燥器和内部热交换器的储液罐

热泵空调工作模式如表 12-3 所示。

在冷却工作模式下，热泵的工作原理类似标准空调装置，通过蒸发器冷却汽车内部空间或通过"冷却器"冷却高压电池。再加热时，首先将进入的车外空气冷却，以使其干燥，然后根据需要再次加热。相比使用 PTC 加热器的纯加热模式，使用热泵更加节能，也增加了车辆在行驶模式下的续航里程。压缩机产生的压缩热通过冷媒被直接传递到进入空调装置的车外冷空气中。在冷却液运行模式下，高电压区域产生的热量也会通过"冷却器"被交换到冷媒中，再通过冷媒循环进行调温。

表12-3　热泵空调工作模式

工作模式		运行原理	图　例
夏季	乘客舱冷却	在涡旋压缩机中，气态制冷剂被压缩并在高压和高温下通过ASV2进入车头的AC气体冷却器。在这里，只要散热器卷帘处于打开状态，就会与流经的环境空气交换热量。制冷剂从那里流过内部热交换器中的盘管并流向EXV2；然后经过膨胀进入蒸发器。在这里，流入的汽车内部空气被有效地调温并在汽车内部空间分配。接着，制冷剂通过ASV4和带干燥器的储液罐在低压和相应温度下被吸回到压缩机中。由此，制冷剂循环回路闭合	

工作模式		运行原理	图 例
夏季	乘客舱与高压电池冷却	根据上面乘客舱冷却的说明，在EXV2后经过膨胀的制冷剂自动进行分配。一部分流入空调装置的蒸发器，另一部分通过EXV3，膨胀后进入高压电池热交换器（冷却器）中，在这里进行高压电池冷却液循环回路的热量交换。制冷剂还通过带干燥器的储液罐，由压缩机从冷却器中以气态形式抽吸	
	高压电池冷却	在"仅冷却高压电池"模式下，制冷剂再次流过EXV2和EXV3，以便在高压电池热交换器（冷却器）中进行热量交换。空调装置中的蒸发器保持被动状态，因为ASV4关闭且制冷剂在该区域停止流动。例如，当高压电池温度高于30℃时，在高压电池充电过程中，也可以激活"仅冷却高压电池"模式。在行驶过程中，当温度高于35℃时，会主动冷却高压电池	
	再加热	在再加热模式下，冷却流入汽车内部的空气，使其干燥。然后，再次对空气调温，以适合汽车内部空间。这无须使用PTC加热器即可完成（为了节能）。在该阶段，ASV2关闭且ASV3打开，因此经过压缩的热制冷剂被直接送入空调装置的气体冷却器中。在这里，经过干燥的空气被重新加热。热制冷剂从那里通过ASV1流入车头的气体冷却器中。在这里会与行车风进行热量交换。接着，制冷剂流过内部热交换器并流向EXV2，在此处经过膨胀进入空调装置的蒸发器中。在这里，流入的汽车内部空气通过热量交换得到冷却并干燥。压缩机再次通过ASV4和带干燥器的收集盘从此处抽吸制冷剂。例如，当前窗玻璃外表面容易起雾或车外空气湿度极高时，就会启用该模式	

续表

工作模式		运行原理	图例
冬季	空气热泵开始加热	开始阶段加热比较迟缓，因此借助PTC加热器来优化空气舒适度。高压电池和驱动电机的冷却液循环回路中产生的热量可能尚未使用。与"再加热模式"一样，压缩机将热的气态制冷剂通过打开的ASV3进入空调装置的气体冷却器中。流入的汽车内部空气被加热。气态制冷剂从那里被引导通过EXV1和已关闭的ASV4，进入蒸发器并流向EXV2。由于在空调装置的蒸发器中会进行第二次热量交换，因此这种绕行方式提高了系统效率。压缩机的吸入侧从此处开始。制冷剂逆着之前的流动方向，流过内部热交换器并流经车头的气体冷却器。ASV1和ASV2均关闭，ASV5打开，因此制冷剂可以通过带干燥器的储液罐被压缩机再次抽吸。循环回路闭合	
	空气与冷却液热泵运行	EXV3被激活，部分制冷剂经过膨胀进入高压电池热交换器（冷却器）中。在这里，热泵制冷剂与高压电池和驱动电机冷却液之间进行热量交换。制冷剂也通过带干燥器的储液罐，被压缩机从冷却器中抽吸。该运行模式在一定程度上是混合型的，而且一直使用，除非高压电池和驱动电机中没有加热冷却液循环回路或优先高压电池冷却散热	
	冷却液热泵运行	EXV2处于关闭状态。所有制冷剂流经EXV3并经过膨胀进入高压电池热交换器（冷却器）中。制冷剂再次通过带干燥器的收集盘，被压缩机从此处直接抽吸。在该运行模式下，高压电池和驱动电机的冷却液在整个制冷剂流中被主动冷却	

注：ASV—截止阀；EXV—电动膨胀阀；p/T—压力和温度传感器；HP—高压保养接口；LP—低压保养接口；下划线—阀门激活

12.3 智能座舱

汽车的智能化主要体现在自动驾驶与智能座舱两个方面,在座舱智能化上,车机系统是核心。汽车车机是"汽车车载计算机"的简称,硬件表现为中控大屏,软件为集成娱乐信息系统、车载通信系统等多种功能的应用操作平台。技术层面使用触摸操控、语音声控、人脸识别、视频监控、手势感应、平视显示(HUD)、红外夜视等手段。常见品牌主流车型搭载的车机系统如表12-4所示。

表12-4 常见品牌主流车型搭载的车机系统

品牌	车型	车机系统	应用芯片	中控屏幕	仪表	HUD
奔驰	S级	MBUX	英伟达	12.8 in(OLED)	12.3 in(裸眼3D)	AR-HUD
宝马	X7	iDrive7.0	英伟达	双12.3 in液晶屏		W-HUD
奥迪	A8	MMI	英伟达	上10.1 in+下8.6 in	12.3 in	W-HUD
大众	帕萨特	均胜CNS3.0	高通	8 in/9.2 in	部分10.2 in	—
丰田	RAV4	Entune3.0	—	10.1 in	7 in	—
特斯拉	MODEL3	Version	英特尔	整合至15 in液晶屏		—
蔚来	ES8	NOMI	英伟达	11.3 in	9.8 in	W-HUD
荣威	MARVEL X	AliOS	高通	14 in	12.3 in	—
比亚迪	唐	DiLink	高通	12.8 in	12.3 in	—
吉利	博越	GKUI	亿咖通	12.3 in	7 in/12.3 in	高配W-HUD

注:1 in ≈ 25 mm

大众ID.4X车机系统组成部件如图12-14所示。

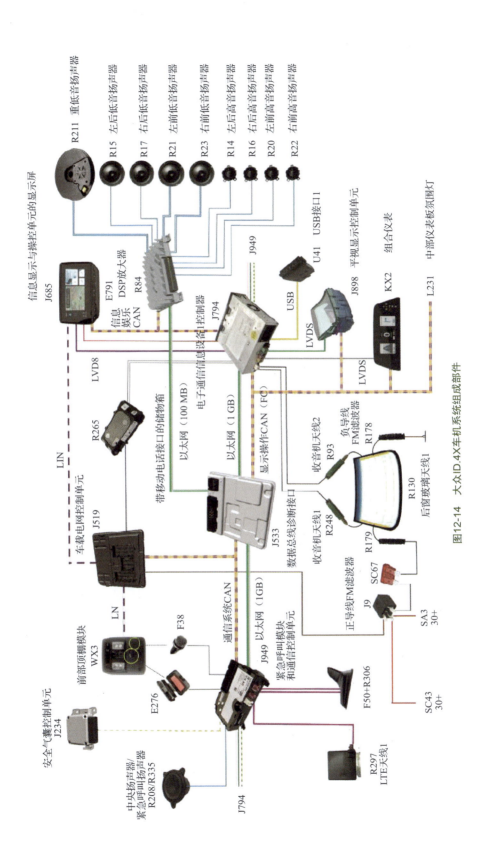

图12-14 大众ID.4X车机系统组成部件

12.4　自动驾驶

美国汽车工程师学会（SAE）与美国高速公路安全管理局（NHTSA）将自动驾驶技术进行分级,得到国际公认,如表12-5所示。

表12-5　自动驾驶技术分级

自动驾驶技术分级		称呼（SAE）	SAE定义	主体			系统作用域
NHTSA	SAE			驾驶操作	周边监控	支援	
L0	L0	无自动化	由人类驾驶者全权操作汽车,在行驶过程中可以得到警告和保护系统的辅助	人类驾驶者	人类驾驶者	人类驾驶者	无
L1	L1	驾驶支援	通过驾驶环境对转向盘和加减速中的一项操作提供驾驶支援,其他驾驶动作都由人类驾驶者完成	人类驾驶者系统			部分
L2	L2	部分自动化	通过驾驶环境对转向盘和加减速中的多项操作提供驾驶支援,其他驾驶动作都由人类驾驶者完成	系统			
L3	L3	有条件自动化	由无人驾驶系统完成所有的驾驶操作。根据系统请求,人类驾驶者提供适当的应答		系统	系统	
L4	L4	高度自动化	由无人驾驶系统完成所有的驾驶操作。根据系统请求,人类驾驶者不一定需要对所有的系统请求做出应答,限定道路和环境条件等				
	L5	完全自动化	由无人驾驶系统完成所有的驾驶操作。人类驾驶者在可能的情况下接管。在所有的道路和环境条件下驾驶				全域

L0属于传统驾驶,L1和L2属于驾驶辅助,L3～L5属于自动驾驶,L5的自动驾驶技术等级也称为"无人驾驶"。因此,按照自动驾驶技术等级划分,驾驶辅助＜自动驾驶＜无人驾驶。

驾驶辅助技术当前已经在量产车上部署,通常称为高级驾驶辅助系统（ADAS）。

ADAS利用安装在车上的各种各样的传感器,在汽车行驶过程中随时感应周围的环境变化,收集数据,进行静态与动态物体的辨识、侦测与追踪,并结合导航仪的数据,进行运算与分析,从而预先让驾驶者察觉到可能发生的危险,有效增加汽车驾驶的舒适性和安全性。初级ADAS以被动报警为主,当车辆检测到潜在危险时,会发出警报,提醒驾驶者注意异常的车辆或道路情况。较新的ADAS,主动干预已较为普遍。

驾驶辅助技术处于自动驾驶技术的L1和L2等级,L1阶段车辆开始介入制动与转向其中一项控制,分担驾驶者的工作,主要有自适应巡航（ACC）、车道保持（LKA）和紧急制动（AEB）等功能。L2阶段,车辆开始接管纵向与横向控制,驾驶操作由系统完成,但驾驶者注意力仍然要保持在驾车状态,以便随时接管车辆。

在自动驾驶领域,有些厂商以摄像头感知作为发展方向,如特斯拉、日产、斯巴鲁等。

以特斯拉MODEL 3为例,该车型共配有8个摄像头,视野范围达360°,对周围环境的监测距离最远可达250 m。12个新版超声波传感器作为视觉系统的补充,可探测到柔软或坚硬的物体,传感距离和精确度接近上一代系统的2倍。增强版前置雷达通过发射冗余波长的雷达波,能够穿越雨、雾、灰尘甚至前车的下方空间进行探测,为视觉系统提供更丰富的数据。特斯拉MODEL 3摄像头、传感器与雷达作用如图12-15所示。

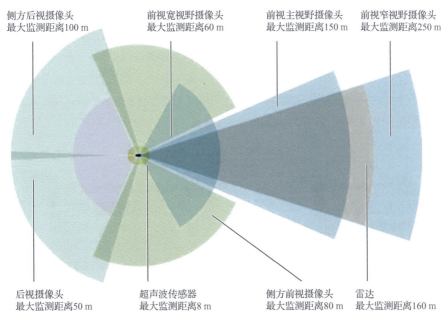

图12-15 特斯拉MODEL 3摄像头、传感器与雷达作用

基于摄像头的驾驶辅助技术

在汽车自动驾驶领域,有些厂商以激光雷达作为发展方向,如奥迪、奔驰、宝马等。

以奥迪 e-tron 为例,该车型使用了激光扫描装置,该装置最早被用在奥迪 A8(车型 4N)上。

激光扫描装置被安装在前保险杠中间的牌照架下方,如图 12-16 所示。该激光扫描装置所处的位置几乎与奥迪 A8 上的完全相同,因此其调整步骤和所需设备及维修保养与奥迪 A8 上的系统相同。

基于雷达的驾驶辅助技术

图12-16 奥迪e-tron激光扫描装置与雷达传感器安装位置

该激光扫描装置在功能方面与远距离雷达传感器一样，都用于探测车辆前方的物体。

该装置的基本工作原理与雷达传感器类似，但发出的不是雷达波，而是激光束，光束照射到其他物体表面后会反射回来，如图12-17所示。通过测量激光射束从发射到接收所需时间的长度，就可以确定出本车与相应物体之间的距离。激光扫描装置与雷达传感器的根本区别在于辐射的传播特性。雷达传感器发射锥形雷达波来覆盖较大的空间，而激光扫描装置将单个激光束集中到一个点上。要想探测较大空间，那么就必须向多个水平面水平发射很多"单束激光"，使用的激光脉冲（脉冲宽度约为 4 ns）的波长约为 905 nm。这种电磁辐射是人眼不能看到的（红外线），且因强度很低，不会造成伤害（激光等级1）。

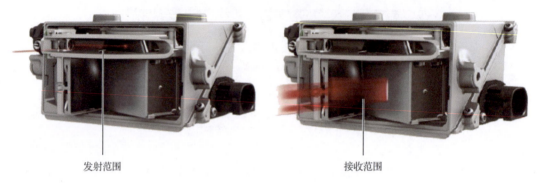

图12-17　激光扫描装置工作原理

奥迪 A8（车型 4N）上的激光扫描装置有一个可回转的反射镜（700 r/min），该反射镜会把激光束以扇形散发出去。发射单元发出的激光碰到镜面被散发出去。该反射镜是由一个电机来驱动的。例如，100 m 远的物体反射回来的红外线激光脉冲，在发射后不到 0.7 μs 就会到达激光扫描装置的接收二极管。反射的激光脉冲碰到反光镜的下部并从这里到达光电二极管，光电二极管会把这个光学信息转换成电信号。

该装置水平探测范围覆盖约 145°，作用距离平均 80 m，在车距为 10 cm 时仍能对物体做出识别；扇形的激光束在垂直方向分布在四个平面内，每个平面的辐射角为 0.8°，垂直方向总角约 3.2°，水平分辨率为 0.25°，比雷达技术精准多了。

12.5　整车控制系统

整车控制器（VCU）是整个汽车的核心控制部件，它通过硬线或 CAN 采集电子油门踏板信号、挡位信号、制动踏板信号及其他部件信号，并做出相应判断，控制下层的各部件控制器的动作，驱动汽车正常行驶。整车控制器连接的系统及部件如图 12-18 和表 12-6 所示。

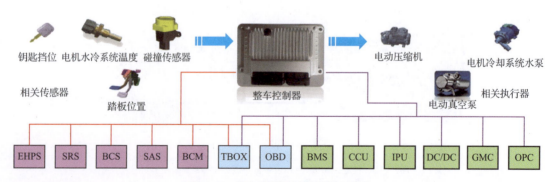

图12-18　整车控制器连接的系统及部件

表12-6 整车控制器连接的系统及部件

零件名称	缩写	功能	零件名称	缩写	功能
电控动力转向系统	EHPS	控制电磁阀的开度,从而满足高速、低速时的转向助力要求	电池管理系统	BMS	检测动力电池状态,控制动力电池输入与输出
安全气囊	SRS	被动安全性保护系统,与座椅安全带配合使用,为乘员提供防撞保护	耦合控制单元	CCU	检查GMC油压与油温,通过控制电磁阀实现离合器吸合与断开
车身控制系统	BCS	控制ABS/ESP	集成电机控制器	IPU	控制驱动电机和发电机
半主动悬架	SAS	通过传感器感知路面状况和车身姿态,改善汽车行驶平顺性和稳定性的一种可控式悬架系统	直流转换器	DC/DC	将动力电池内高压直流电转化为12 V低压直流电,供低压电器使用
车身控制模块	BCM	设计功能强大的控制模块,实现离散的控制功能,对众多用电器进行控制	机电耦合系统	GMC	内置TM、ISG、差减速器,实现整车动力输出
远程监控系统	TBOX	行车时实时上传整车信号至服务器,实现对车辆进行实时动态监控	低压油泵控制器	OPC	辅助控制GMC内部冷却液流动
车载诊断系统	OBD	诊断整车故障状态			

12.6 车身控制系统

车身控制器(BCM)又称为车身计算机,是指用于控制车身电器系统的电控单元。车身控制器常见的功能包括控制电动车窗、电动后视镜、空调、大灯、转向灯、防盗锁止系统、中控锁、除霜装置等。车身控制器可以通过总线与其他车载电控单元相连。

在大部分电动汽车上,车身控制器为一个单独的模块。近年来,随着技术的革新,一些新型电动汽车平台开始采用左、右、后三个车身域控制器分别控制车辆左侧、右侧及后部身电器部件,简化布线,同时便于故障检修。例如,比亚迪宋 PLUS DM-i、秦 PLUS DM-i、元 PLUS、海豚等车型采用车身域控制器。

左车身域控制器集成的控制功能:智能进入系统;仪表控制;主驾座椅通风加热;四门门锁;左侧灯光驱动;左侧车窗防夹电机;左侧门灯;左侧外后视镜;左侧车窗电机;扬声器;倒车雷达;前、后刮水器;转向管柱调节;左侧儿童锁;左侧口盖解锁、闭锁;主驾座椅调节;左充电口照明灯;充电枪电锁;左转向示警灯;左、右充电口指示灯;左右外后视镜折叠、展开;胎压系统。左车身域控制器安装位置如图12-19所示。

右车身域控制器集成的控制功能:网关;空调;副驾座椅通风加热;自动防眩内后视镜;洗涤;右侧车窗防夹电机;右侧车窗电机;右侧门灯;室内灯;右侧外后视镜;右侧灯光驱动;右侧口盖解锁、闭锁;氛围灯;右转向示警灯;天窗电机;遮阳帘电机;右侧充电口照明灯。右车身域控制器安装位置如图12-20所示。

后车身域控制器集成的控制功能:电子驻车制动、后背门控制器。后车身域控制器安装位置如图12-21所示。

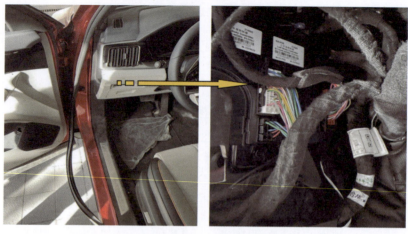

图12-19 左车身域控制器安装位置（比亚迪宋PLUS DM-i）

图12-20 右车身域控制器安装位置（比亚迪宋PLUS DM-i）

图12-21 后车身域控制器安装位置（比亚迪宋PLUS DM-i）

12.7 车载网络

现在汽车上使用的通信网络主要有以下三种：FlexRay、CAN（控制器局域网）、LIN（本地互联网）。

FlexRay——高速度（每信道传输速率高达 10 Mbps）、双信道、时间触发、强大的容错协议，设计用于骨干网。一般的目标应用是所谓的 X-by-wire（线控）概念。其目的是通过电子信号传输替代传统的制动踏板和制动器或转向盘和车轮之间的机械传动。

CAN——中等速度（传输速率最高 1 Mbps）、单信道、双线容错协议，目前不仅在汽车工业中，还在许多其他工业领域中广泛使用。CAN 协议的目标应用包括电机控制、悬架控制和车内信息娱乐功能。

LIN——低速（传输速率最高 20 kbps）、单线低成本协议，可用于终端节点应用。这种协议用于传感器或执行器，一般用于低速通信。

目前汽车中使用的总线技术如表 12-7 所示。

表12-7　目前汽车中使用的总线技术

类别	现存标准	传输速率	目前主要使用标准	应用范围
A	单线CAN、LIN、BEAN、I2C等	5～20 kbps	LIN	电动门窗、座椅调节、灯光照明等控制
B	低速CAN、容错CAN、J1850、VAN等	30～125 kbps	低速CAN、容错CAN	电子车辆信息中心、故障诊断、仪表显示、安全气囊等系统
C	高速CAN、TTP、FlexRay	125～1000 kbps	高速CAN	悬架控制、驱动控制、发动机控制、ASR、ABS、EBD等系统
D	MOST、IDB-1394、D2B、以太网等	10～400 Mbps	MOST	多媒体技术

混合动力汽车在不同的工作模式下，必须对不同车辆系统之间大量的车辆信息进行搜集、评估和交换，以进行调控。除我们了解的驱动系统、舒适系统 CAN 数据总线之外，大众途锐还使用了底盘 CAN、扩展 CAN、显示 CAN 及混合动力 CAN。此外，还要处理来自 MOST 和 LIN 网络的信息。这些网络的公用接口就是数据总线诊断接口（网关）。

大众途锐数据总线网络组成如图 12-22 所示。

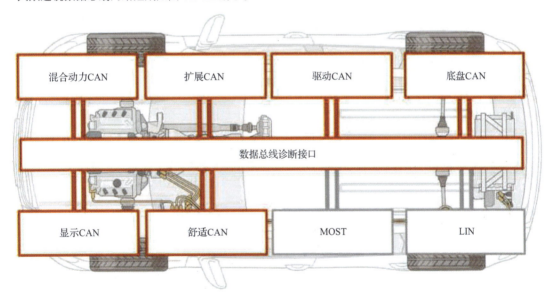

图12-22　大众途锐数据总线网络组成

驱动 CAN 负责发动机管理、变速器管理、安全气囊等系统之间的通信。
舒适 CAN 负责座椅记忆、驱动探测、防盗等系统之间的通信。
底盘 CAN 负责 ABS/ESP、避震器和车身高度调节、电子驻车、转向角传感器等系统之间的通信。
扩展 CAN 负责空调压缩机、大灯照射范围控制、电子液压助力转向等系统之间的通信。
显示 CAN 负责组合仪表、驻车辅助、空调控制等系统之间的通信。
混合动力 CAN 负责发动机控制单元、芯轴执行器、动力电子单元、电机等之间的通信。
MOST 负责收音机、导航、组合仪表、音响等系统之间的通信。
LIN 负责座椅占用识别、PTC 调节、鼓风机调节等系统之间的通信。

图 12-23 所示的网络总线系统示意图显示的只是在电力驱动模式下所需的部件和信号。实际上，在行驶模式中涉及的车辆系统间，所有其他的输入和输出信号都会进行交换，如暖风和空调系统、助力转向系统和制动系统的运行等。在电力驱动模式和发动机驱动模式之间切换时，车辆各系统间的协调是特别重要的，协调得好，驱动扭矩上的变化才不会对车辆的舒适性产生不良影响。这意味着发动机管理系统、变速器管理系统和混合动力调节系统之间需要精确配合。在电力驱动模式和发动机驱动模式之间切换时，优先权也在发动机控制单元和电子装置之间切换。在发动机驱动模式下，发动机控制单元是主导控制单元。在电力驱动模式下，电子装置取代发动机控制单元，获得优先控制权。

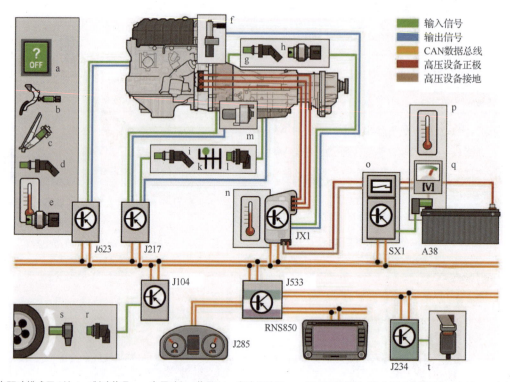

a—电力驱动模式开 / 关；b—制动信号；c—电子油门、信号；d—发动机转速；e—发动机温度；f—离合器动作发动机 / 电机；g—电机转速；h—电机温度；i—变速器转速；k—挡位识别；l—变速器液压系统温度；m—离合器液压泵，变速器液压压力，换挡动作；n—电子装置温度；o—高电压线路监控；p—电池温度；q—电压监控；r—制动系统液压压力，制动压力；s—轮速探测；t—安全带识别；A38—高压电池；J623—发动机控制单元；J217—自动变速器控制单元；JX1—用于电力驱动的电控装置；SX1—接线盒和配电箱（电气箱）；J104—ABS 控制单元；J285—组合仪表控制单元；J533—数据总线诊断接口；J234—安全气囊控制单元；RNS 850—收音机导航系统

图12-23　网络总线系统示意图

宝马 i3 数据通信网络连接系统如图 12-24 所示。

宝马 i3 使用 K-CAN 总线有 K-CAN2，K-CAN3，K-CAN4。所有 K-CAN 总线的数据传输速率均为 500 kbps。在宝马 i3 上不使用数据传输速率为 100 kbps 的 K-CAN。

宝马 i3 使用的 PT-CAN 总线有 PT-CAN，PT-CAN2。用于 PT-CAN2 的网关位于数字发动机电子系统 EDME 内。两个 PT-CAN 的数据传输速率均为 500 kbps。

用于车辆诊断的 D-CAN 数据传输速率为 500 kbps。使用 OBD2 接口，通过 D-CAN 可诊断车辆故障。用于车辆编程的以太网访问接口同样在 OBD2 接口内。

在宝马 i3 上根据相应配置提供的局域 CAN 总线：从选装配置系统连至基于摄像头的驾驶员辅助系统的局域 CAN；从充电接口模块连至车辆充电接口的局域 CAN。局域 CAN 总线的数据传输速率为 500 kbps。

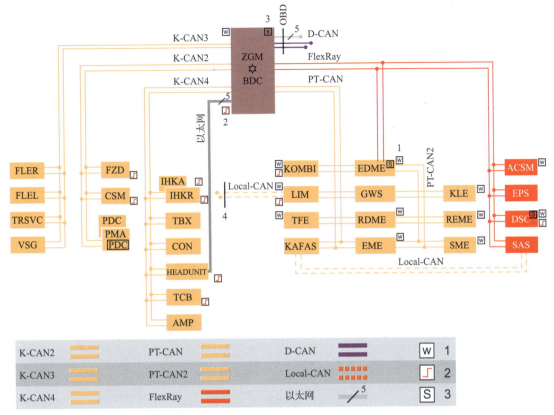

ACSM—碰撞和安全模块；AMP—放大器；BDC—车身域控制器；CON—控制器；CSM—汽车共享模块；DSC—动态稳定控制系统；EDME—数字发动机电子系统；EME—电机电子装置；EPS—电子助力转向系统；FLER—右侧前部车灯电子装置；FLEL—左侧前部车灯电子装置；FZD—车顶功能中心；GWS—选挡开关；HEADUNIT—主控单元；IHKA—自动恒温空调；IHKR—手动恒温空调；KAFAS—基于摄像头的驾驶员辅助系统；KLE—便捷充电电子装置；KOMBI—组合仪表；LIM—充电接口模块；PDC—驻车距离监控系统；PMA—驻车操作辅助系统；RDME—增程器数字发动机电子系统；REME—增程电机电子装置；SAS—选装配置系统；SME—蓄能器管理电子装置；TFE—燃油箱功能电子系统；TBX—触控盒；TCB—远程通信系统盒；TRSVC—顶部后方侧视摄像头；VSG—车辆发声器；ZGM—中央网关模块；1—与总线端 15WUP 连接的控制单元；2—有唤醒权限的控制单元；3—用于 FlexRay 总线系统启动和同步的启动节点控制单元；4—车辆上的充电接口

图12-24 宝马i3数据通信网络连接系统

根据所需信息，LIN 总线使用不同的数据传输速率。在宝马 i3 上，LIN 总线的数据传输速率为 9.6～20.0 kbps。例如，车外后视镜、驾驶员车门开关组件为 9.6 kbps；左侧前部车灯电子装置、右侧前部车灯电子装置为 19.2 kbps；遥控信号接收器为 20.0 kbps。

车身域控制器针对相应输入端的不同数据传输速率进行设计。车身域控制器对以下装置进行控制：网关、禁启动防盗锁、总线端控制、舒适登车系统、中控锁、车窗升降器、照明装置、刮水和清洗装置、扬声器。

中央网关模块集成在车身域控制器内，可以说是控制单元内的控制单元，因为它的工作方式就像一个独立的控制单元。中央网关模块的任务是将所有主总线系统连接起来，综合利用各总线系统提供的信息。中央网关模块能够将不同协议和速度转换到其他总线系统上。通过 ZGM 可经过以太网将有关控制单元的编程数据传输到车辆上。

车身域控制器是 LIN 总线上以下组件的网关、右侧前部车灯电子装置、左侧前部车灯电子装置、主动风门控制、左侧车外后视镜、右侧车外后视镜、驾驶员车门开关组件、数字发动机电子系统、智能电池传感器、风挡玻璃刮水器、晴雨传感器、自动防眩车内后视镜、车顶功能中心、遥控信号接收器、转向柱开关中心、车灯开关、智能型安全按钮、驾驶员侧座椅加热模块、前乘客侧座椅加热模块。

以下 LIN 组件连接到车身域控制器上，但仅形成环路：电气加热装置、电动压缩机、自动恒温空调或手动恒温空调。宝马 LIN 总线连接部件如图 12-25 所示。

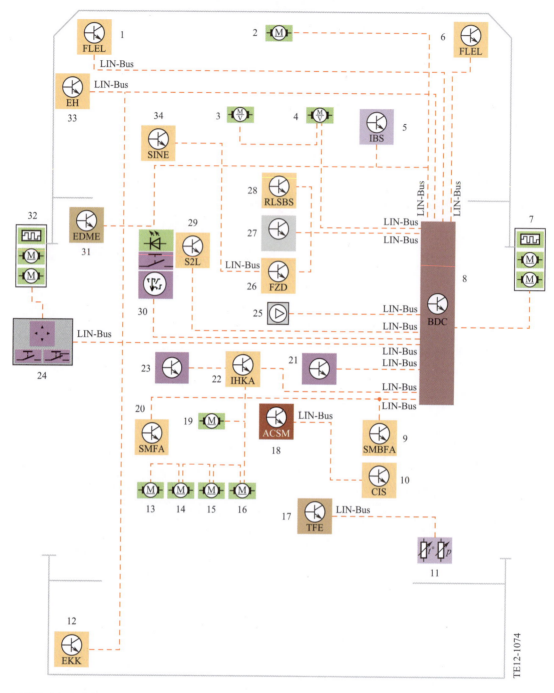

1—左侧前部车灯电子装置；2—电风扇；3—前乘客侧刮水器电机；4—驾驶员侧刮水器电机；5—智能电池传感器；6—右侧前部车灯电子装置；7—右侧车外后视镜；8—车身域控制器；9—前乘客侧座椅模块；10—座椅占用识别垫；11—压力和温度传感器；12—电动压缩机；13—脚部空间步进电机；14—空气混合风门步进电机；15—除霜步进电机；16—新鲜空气、循环空气风门步进电机；17—燃油箱功能电子系统；18—碰撞和安全模块；19—鼓风机电机；20—驾驶员侧座椅模块；21—智能型安全按钮；22—自动恒温空调、手动恒温空调；23—暖风和空调操作面板及收音机操作面板；24—驾驶员车门开关组件；25—遥控信号接收器；26—车顶功能中心；27—自动防眩车内后视镜；28—晴雨、光照、水雾传感器；29—转向柱开关中心；30—车灯开关操作单元；31—数字发动机电子系统；32—左侧车外后视镜；33—电力加热装置；34—带有倾斜报警传感器的报警器

图12-25　宝马i3 LIN总线连接部件

宝马 i3 控制模块安装位置如图 12-26 所示。

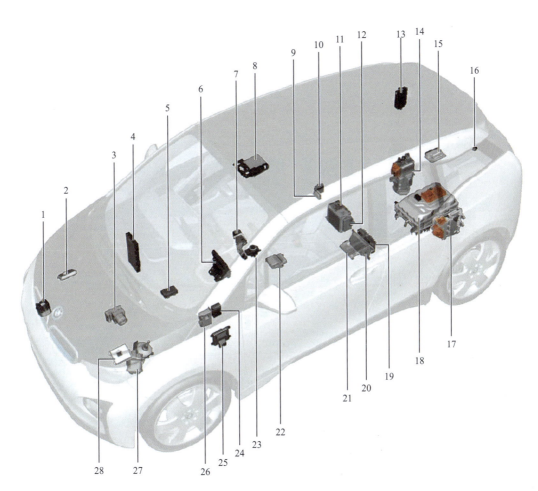

1—车辆发声器（VSG）；2—右侧前部车灯电子装置（FLER）；3—动态稳定控制系统（DSC）；4—车身域控制器（BDC）；5—自动恒温空调（IHKA）或手动恒温空调（IHKR）；6—组合仪表（KOMBI）；7—选挡开关（GWS）；8—车顶功能中心（FZD）；9—触控盒（TBX）；10—驻车操作辅助系统（PMA）或驻车距离监控系统（PDC）；11—主控单元（HEADUNIT）；12—选装配置系统（SAS）；13—充电接口模块（LIM）；14—增程电机电子装置（REME）；15—增程器数字发动机电子系统（RDME）；16—顶部后方侧视摄像头（TRSVC）；17—便捷充电电子装置（KLE）；18—电机电子装置（EME）；19—放大器（AMP）；20—远程通信系统盒（TCB）；21—蓄能器管理电子装置（SME）；22—碰撞和安全模块（ACSM）；23—控制器（CON）；24—燃油箱功能电子系统（TFE）；25—数字发动机电子系统（EDME）；26—基于摄像头的驾驶员辅助系统（KAFAS）；27—电子助力转向系统（EPS）；28—左侧前部车灯电子装置（FLEL）

图12-26　宝马i3控制模块安装位置

下篇　电动汽车保养与维修

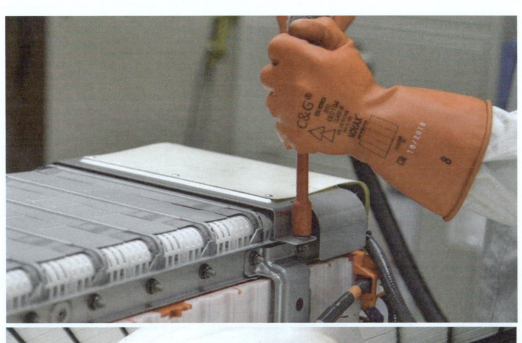

第13章
高压安全与作业规范

13.1　高压安全概述

13.1.1　高压电危害

触电是指人体触及带电体时,电流对人体造成的伤害。电流对人体的伤害是多方面的。

根据伤害的性质不同,触电可分为电伤和电击两种。

电伤是指由于电流的热效应、化学效应和机械效应对人体的外表造成的局部伤害,如电灼伤、电烙印和皮肤金属化等。对于高于 1 kV 以上的高压电气设备,当人体过分接近时,高压电可将空气电离,然后通过空气进入人体,此时伴有高压电弧,能把人烧伤,如图 13-1 所示。电击是指电流流过人体内部,对人体内部器官造成的伤害。

图13-1　高压电弧

电击使人致死的原因有三方面:一是流过心脏的电流过大、持续时间过长引起"心室纤维性颤动"而致人死亡。二是因电流作用使人窒息死亡。三是因电流作用使人心脏停止跳动而死亡。

根据电流对人的不同危害程度,可以分为感知、摆脱、致命三种类型。

电流流过人体时可引起感觉的最小电流称为感知电流。感知电流的最小值称为感知阈值。成年男性平均感知电流约 1.1 mA（有效值），成年女性约 0.7 mA。人在触电后能够自行摆脱带电体的最大电流称为摆脱电流。成年男性平均摆脱电流约 16 mA，成年女性平均摆脱电流约 10.5 mA，儿童的摆脱电流较成人的摆脱电流小。在短时间内危及生命的最小电流，其最小电流即致命阈值，称为致命电流。致命电流与电流持续时间关系密切。当电流持续时间超过心脏周期时，致命电流仅 50 mA 左右。当电流持续时间短于心脏周期时，致命电流为数百毫安。当电流持续时间小于 0.1 s 时，只有电击发生在心脏易损期，500 mA 以上乃至数安培的电流才能够引起心室颤动。根据欧姆定律，流过导体的电流与电压及电阻相关，如图 13-2 所示。

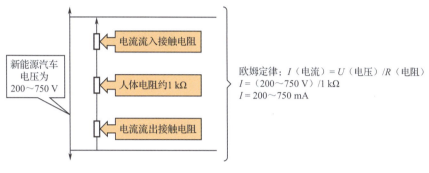

图13-2　人体电阻

13.1.2　高压安全策略

电动汽车一般使用以下安全策略来防范高电压对人员和车辆造成的危害与不利影响。

（1）线束和连接器的颜色代码：所有高压线束和连接器使用醒目的橙、黄、红色作为标记，如图 13-3 所示。

（2）安全标记与警示标签：所有高压组件均带有安全警告标记。发动机舱锁支架上有额外的黄色高压警告标识。高压警告标识如图 13-4 所示。

图13-3　高压器件颜色标记

图13-4　高压警告标识

（3）触电防护：所有高压连接器均配备经过改进的触电防护组件（IPXXB +、防触摸）。高压电池内部还提供触电防护。高压连接器如图 13-5 所示。

（4）紧急断电连接：紧急断电连接指的是高压电池上的保养插头（TW）和熔断器架中的可快速拆卸的熔断器。高压保养插头如图 13-6 所示。

图13-5　高压连接器

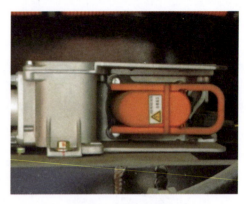

图13-6　高压保养插头

（5）互锁回路与绝缘电阻：为提高所有高压连接器的触电防护效果，互锁线路仅与保养插头连接，绝缘监测电阻对车身高压电势的绝缘情况进行检测。

（6）主动放电与被动放电：高压系统紧急关闭后，如撞车或打开保养插头后，高压系统将在5 s内放电。所有高压组件的电路中都有电容器。被动放电可确保电压在组件与高压电池断开后2 min内降到60 V以下。

（7）发生碰撞事故时切断高压电：发生无法排除高压系统损坏的事故后，高压系统将关闭并主动放电。许多高压组件安装在非常靠近车身外壳的位置，一旦检测到事故，高压电会立即断开（通过烟火方式），该动作不可以在维修车间复位，必须更换维修。

（8）监测高压继电器与短路测试：每个高压继电器前后都有一个电压接头。如果非预期状态被识别为对其中一个高压继电器有影响，则高压系统停用，直到消除故障为止。如果在预充电过程中发生短路，则将其隔离，并且不会激活高压系统。如果在高压系统已经激活时检测到短路，则高压系统将关闭。

（9）高压电池防护标准IP67：IP6X的6表示固态（异物颗粒与灰尘）等级（共6级）为完全防止异物进入；IPX7的7表示液态（油和水等液体）等级（共8级），8为无限浸泡而不损坏，7为防护短暂浸泡（防浸）。

比亚迪e平台电动汽车采用的九级安全策略如图13-7所示。

一般的电动汽车上都有维修开关，这些开关用于保养维护与维修车辆时断开车辆的高压回路。以比亚迪唐DM为例，维修开关位于高压电池总成的左上角，连接高压电池的一个正极和一个负极。它的主要作用是在车辆维修时直接断开高压回路，从而保证操作人员的安全。维修开关处于正常状态时，手柄处于水平位置；需要拔出手柄时，应先将手柄旋转至垂直状态，再向上拔出；需要插上时，应先沿垂直方向用力将手柄向下插入，再将手柄旋转至水平状态。比亚迪唐DM维修开关如图13-8所示。

手动维修开关内部有高压电路的主熔断器和互锁开关，其电路如图13-9所示。

拉起手动维修开关上的卡子锁止器可断开互锁，从而切断高压电池正负极继电器。为确保安全，务必将启动开关置于"OFF"位置，断开电池负极接线柱，等待10分钟后再拆下手动维修开关。在进行任何检查或维护前，应先拆下手动维修开关，使高压电路在高压电池的中间位置切断，以确保维修期间的安全。

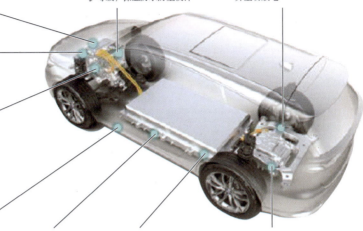

9. 绝缘耐压
高压零部件的绝缘阻值远远超过标准要求，对车身进行打耐压测试，不允许出现击穿、闪络等现象

8. 业内最高防护等级和防触指保护
a.高压接插件未对接时，防触指设计可以防止人员意外接触到高压电
b.高压零部件设计符合业内最高防护等级，保证防水防尘设计

7. 高压互锁
高压系统时时监控所有高压零部件的接口，出现异常后为确保暴露的高压系统不带电，需要及时切断高压回路并主动放电

1. 高压标识
张贴在每个高压零部件醒目的位置

2. 主动、被动放电
高压电断开后，高压零部件内部的高能量存储装置的电压需要保证在3 s内降低到60 V以下，以降低人员触电风险

3. 漏电保护
高压系统及外接电网充电盒添加漏电保护器，时刻监测泄漏绝缘阻值，超出标准规定值，及时断开高压回路

4. 高低压隔离
分布式电池管理系统将高压采样与低压控制、温度采样、电流采样、继电器控制进行高低压隔离，确保安全

5. 分压控制
通过电池内部设计的分压继电器，将电池分为若干相对电压较低的包体，确保装配维修、运输的安全

6. 碰撞断高压电
碰撞发生后，气囊提供碰撞信号给高压管理系统，在规定时间内即切断高压回路，主动放电，降低碰撞安全风险

图13-7 比亚迪e平台电动汽车采用的九级安全策略

图13-8 比亚迪唐DM维修开关

奥迪HEV保养插头
（手动维修开关）

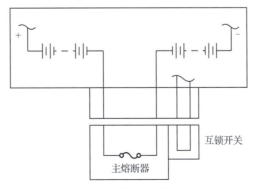

图13-9 手动维修开关电路

13.2 高压解除与启动

以江淮新能源车型为例,手动维修开关的取出步骤如下:
(1)将钥匙置于"LOCK"挡。
(2)断开 12 V 低压电池负极。
(3)断开维修开关,其位置如图 13-10 所示。

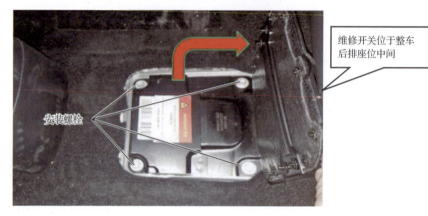

图13-10 维修开关位置

① 打开维修开关上方的地毯盖板。
② 拆下维修盖板上的四颗安装螺栓,拆除维修开关盖板。
③ 打开维修开关二次锁扣,如图 13-11 所示。

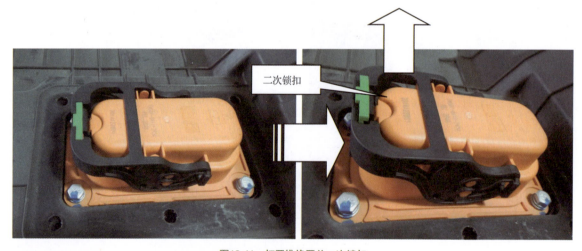

图13-11 打开维修开关二次锁扣

④ 按住卡扣,按图 13-12 所示方向转动维修开关手柄,然后向上用力,至手柄垂直,取出维修开关。拔下维修开关后,需等待 10 min,确保高压残余电量耗尽。

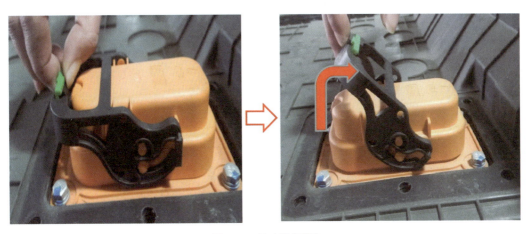

图13-12 取出维修开关

13.3 高压互锁电路

以比亚迪新能源车型为例,高压互锁包括结构互锁和功能互锁。

结构互锁的主要高压接插件均带有互锁回路,当其中某个接插件被带电断开时,电池管理系统便会检测到高压互锁回路存在断路,为保护人员安全,将立即报警并断开主高压回路电气连接,同时激活主动泄放功能。比亚迪唐 DM 高压驱动互锁连接如图 13-13 所示。

功能互锁指的是当车辆在充电或插上充电枪时,高压电控系统会限制整车不能通过自身驱动系统驱动,以防止发生线束拖拽或安全事故。比亚迪唐 DM 充电高压互锁连接如图 13-14 所示。

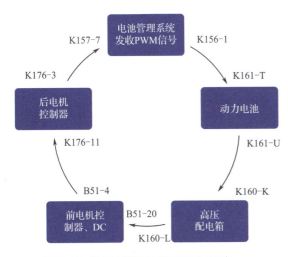

图13-13 比亚迪唐DM高压驱动互锁连接

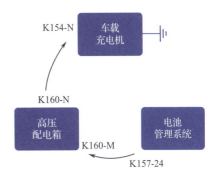

图13-14 比亚迪唐DM充电高压互锁连接

13.4 高压防护

13.4.1 高压部件标识

混合动力汽车和电动汽车上的高压车载网络以最高 650 V 的直流电压工作,其高压部分连接线束呈橙色。部分高压部件上有警示标志,如图 13-15 所示。如果不遵守作业要求,将导致严重伤害,甚至有生命危险。

图13-15 高压部件警示标志

工作人员一定要穿好绝缘鞋,身上不携带金属物品,如口袋里不装硬币。使用 1000 V 耐久性的绝缘手套,并在使用前确认是否破损,在未佩戴手套的情况下不要直接接触带高压电的部件。

进行场地检查,在比较明显的位置用三角警示牌提醒其他人员。将维修车辆停放在维修工作区域时,先确认地面和发动机舱内没有水,不允许在潮湿的环境下作业。确认工作区域内配有二氧化碳灭火器。

准备所需维修工具,确认维修工具经过绝缘处理。

切忌在手上沾有水时进行高压作业及在高压部件沾有水的状态下作业。在地面或周围湿度过高时,必须停止作业。

切断高压系统电源时,首先切断手动维修开关。

13.4.2 高压作业工具

新能源汽车维修所用的基本设备如表 13-1 所示。

表13-1 新能源汽车维修所用的基本设备

设备名称	规格要求/技术标准
测电笔	1.非接触式,声光提示 2.可测试电压范围:90～1000 V交流电压
数字钳形表	电压测量 1000 V(AC/DC)
兆欧表(绝缘电阻测试仪)	1.输出电压:250 V、500 V、1000 V 2.测试电流:250 V(R=250 kΩ),1 mA;500 V(R=500 kΩ),1 mA;1000 V(R=1 MΩ),1 mA 3.绝缘电阻:250 V,0.1～20 MΩ;500 V,0.1～50 MΩ,0.1～100 MΩ 4.测试电压:750 V(AC)
三相交流电相序计	1.相序检测电压使用范围:200～480 V 2.相序检测频率使用范围:20～400 Hz 3.用于三相正弦交流电源相序的顺、逆及断相检查 4.LCD和蜂鸣器指示正相、反相和缺相
Has_Hev制动液充放机	1.储液容量≥4 L 2.工作压力范围:0～0.4 MPa

新能源汽车维修用的辅料如表 13-2 所示。

表13-2　新能源汽车维修用的辅料

名　称	单位	数量	规格要求
精密0～7 pH试纸	盒	5	pH 0～14，分辨率0.5 pH 单位
电工胶带	卷	10	尺寸：18 mm×20000 mm×0.18 mm 电压等级：600 V 介电强度：1000 V/mil（39.37 kV/mm） 绝缘电阻＞10～12 Ω
干粉灭火器	个	4	如果车辆起火，火势较小，请使用干粉灭火器灭火，并立即拨打求救电话

新能源汽车维修用的安全防护用具如表 13-3 所示。部分维修防护用具如图 13-16 所示。

表13-3　新能源汽车维修用的安全防护用具

序号	名　称	单位	数量	设备规格及要求
1	安全警告牌	件	2	规格：30 cm×60 cm、高强度ABS塑料；内容："危险 请勿靠近"与高压标识
2	绝缘手套	双	3	耐直流电压1000 V以上
3	防酸碱手套	双	3	耐酸碱性
4	绝缘胶鞋	双	3	耐直流电压1000 V以上
5	绝缘胶垫	张	4	单张1m²，耐直流电压1000 V以上
6	防护眼镜	个	3	耐酸碱性

绝缘手套

绝缘胶鞋

绝缘胶垫

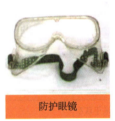
防护眼镜

图13-16　维修防护用具示例

1．混合动力及纯电动汽车安全维修工位配置标准

（1）设立专用维修工位（配备3.5 t以上龙门举升机）。

（2）采用安全隔离措施，并竖立高压警示牌，用品如图 13-17 所示。

图13-17　维修工位高压警告牌与隔离栏

（3）在墙面上贴挂混合动力及纯电动汽车维修安全作业规范。

（4）专用维修工位配有符合 GB2099.1 标准的额定电压 250 V、额定电流 16 A 的单相且有效接地的标准三孔插座。

2．混合动力及纯电动汽车安全维修工位辅料规格

（1）高压警示牌（规格：30 cm×60 cm、高强度 ABS 塑料）。

（2）警戒栏（规格：总高 90 cm，拉带宽 5cm，拉带长 200 cm、300 cm、500 cm，拉带为红色）。

（3）绝缘地胶（规格：绝缘 1000 V，防水级别与塑料或橡胶材料类似，尺寸为 7m×4m）。绝缘地胶铺设效果如图 13-18 所示。

图13-18　绝缘地胶铺设效果

13.4.3　高压作业规范

（1）在维修作业前请采用安全隔离措施（使用警戒栏隔离），并竖立高压警示牌，如图 13-19 所示，以警示相关人员，避免发生安全事故。

图13-19　将作业区域隔离并使用警示牌

（2）在维修高压部件前，请将车身用搭铁线连接到混合动力及纯电动汽车专用维修工位的接地线上。

（3）在检修有电解液泄漏的高压电池时，需佩戴防护眼镜，以防止电解液溅入眼中。

（4）在车辆上电前，确认是否还有其他人员进行高压维修操作，避免发生意外。

（5）检修高压线束时，将拆下的任何高压配线立刻用绝缘胶带包扎。

（6）进行钣金维修时，必须采用干磨工艺，严禁用水磨工艺。

（7）整车进入烤漆房进行烘烤时，必须将高压电池与整车分离。

（8）不能用手指触摸高压线束接插件里的带电部位，以免触电；另外，应防止细小的金属工具或铁条等接触到接插件的带电部位。

（9）若发生异常事故和火灾，操作人员应立即切断高压回路，其他人员立即用灭火器扑救。灭火时使用干粉灭火器，严禁用水剂灭火器。

（10）当电池漏电解液时，切勿用手触摸，用葡萄糖软膏稀释电解液，不可水稀释。

（11）对于空调制冷剂和冷冻液的回收、加注须用专用设备进行，不能与燃油汽车制冷剂加注及回收设备混用，避免对车辆空调系统及环境造成危害。

13.5　触电急救

首先使触电者迅速脱离电源，其次进行现场急救。触电急救的要点是抢救迅速和救护得法。据相关统计数据，在 3 min 内就地实施有效急救，触电者救活率在 90% 以上；6 min 后进行急救，救活率仅为 10%；超过 12 min 再抢救，救活率几乎为 0。

援救电气事故中受伤的人员时，绝对不可触碰仍然与电接触的人员。如果可能，就马上将电气系统断电（关闭点火开关或者拔出维修开关）。如图 13-20 所示，用不导电的物体（木条、竹竿等）把触电者或者导电体与放电体分离，使触电者脱离电源。注意:拖动触电者时，不可接触触电者手脚，不可双手拖动，最好脚垫绝缘物体。

   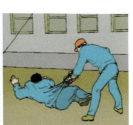

关闭开关　　　　　　切断电源线　　　　　　挑开导电体　　　　　　拖动触电者

图13-20　使触电者脱离电源

在电击事故后实施急救时，如果触电者没有反应，就应采取如下急救措施。

首先确定触电者是否还有生命迹象：观察触电者的胸部、腹部有无起伏动作；用耳贴近触电者的口鼻处，听有无呼气声音；用手或小纸条试测口鼻有无呼吸气流，再用两手指轻压一侧喉结旁凹陷处的颈动脉，看有无搏动感觉。马上联系急救医生，或者让旁边人去联系。进行人工呼吸及心肺按压，直到医生到达。心肺复苏法的操作要点如图 13-21 所示，操作流程见图 13-22。如果触电者呼吸停止，就使用非专业的去纤颤器（如果有的话）。

图13-21　心肺复苏法操作要点

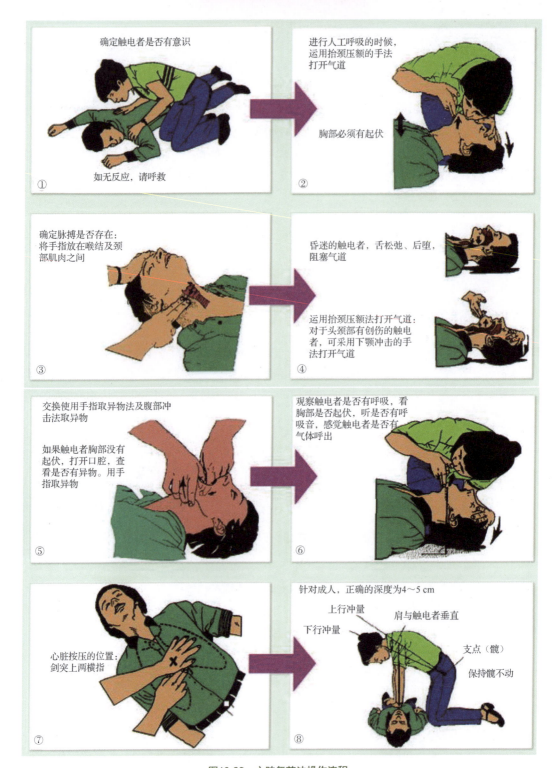

图13-22 心肺复苏法操作流程

如果触电者能回应问询,就应采取如下急救措施:对烧伤处进行降温处理,用消过毒的无绒布进行包扎。即使触电者拒绝,也要对其进行治疗(避免出现长期的后遗症)。高压触电造成的电弧灼伤,往往深达骨骼,处理十分复杂。现场救护时,可用无菌生理盐水或清洁的温开水冲洗伤处,再用酒精全面涂擦,然后用消毒被单或干净的布包裹好,将触电者送往医院处理。

第14章 检查与维护

14.1 检测工具使用

14.1.1 数字万用表

汽车维修专用万用表分为模拟（指针式）和数字两种，可用来检测电路的电阻、电流和电压。由于指针式万用表内阻小，使用时易造成过大电流，所以在汽车电路的检测中，很多元件的测量都要用高阻抗的数字万用表，以防止烧坏。常见的数字万用表接口与功能区域如图 14-1 所示。

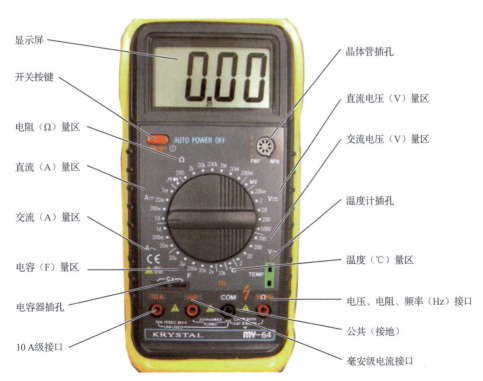

图14-1 常见的数字万用表接口与功能区域

万用表使用的物理量单位之间的换算关系如下：

p（皮）= pico = 10^{-12}；n（纳）= nano = 10^{-9}；μ（微）= micro = 10^{-6}；m（毫）= milli = 10^{-3}；k（千）= kilo = 10^{3}；M（兆）= mega = 10^{6}；G（吉）= giga = 10^{9}

一般来说，汽车电路上可测的皆为直流电压，将黑表笔接 COM 地线，红表笔接电压测量接口，并与被测量元件并联，就可以测量电压。图 14-2 所示为测量汽车电池电压。

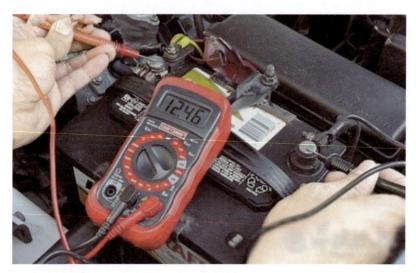

图14-2　电压测量示例

使用万用表的电阻挡，可以进行三种不同的测量，一是测量某个线路或元件的特定阻值是否符合标准值；二是测量线路的通断，如通则电阻接近为零，此时挡位置于蜂鸣挡，万用表会鸣叫。如电路断路或部件接触不良，则阻值可能显示为无穷大，此种情况也可以检测电路的绝缘状况，即第三种测量方式。图 14-3 所示为测量汽车电控单元端子之间的阻值。测量电阻时，所接电路或元件应与电源处于开路状态，绝不能让万用表与电源相连。此时万用表与被测元件或线路为串联。

图14-3　电阻测量示例

14.1.2　数字兆欧表

数字兆欧表采用低损耗、高变比电感蓄能式直流电压转换器将 9 V 电压变成 250 V、500 V、1000 V 直流电压。它采用数字电桥进行电阻测量，用于绝缘电阻的测试。数字兆欧表接口插孔与开关按钮如图 14-4 所示。

数字兆欧表除可以测试电动汽车高压部件绝缘电阻外，还可以进行市电测试。

以比亚迪秦高压配电箱绝缘测试为例，测试之前断开高压配电箱所有的插头，数字兆欧表操作步骤如图 14-5 ～图 14-7 所示。

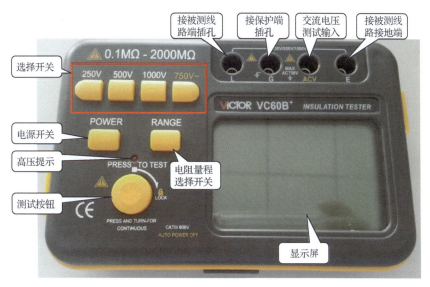

图14-4　数字兆欧表接口插孔与开关按钮

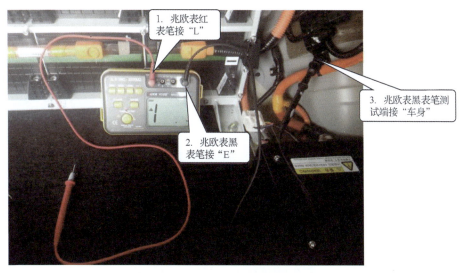

图14-5　数字兆欧表操作步骤1～3

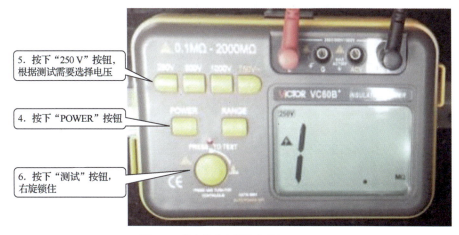

图14-6　数字兆欧表操作步骤4～6

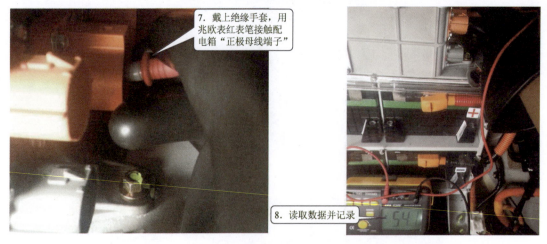

图14-7　数字兆欧表操作步骤7~8

依次测量高压配电箱上所有高压端子，读取数值并记录。分析所有测试数据，每个数据≥50MΩ为正常。

14.1.3　相位测试仪

相位测试仪是对开放相位的状态和相位连续性进行检查的仪器，其外观如图14-8所示。这里的相位连续是基于LED和蜂鸣器的状态来显示的。

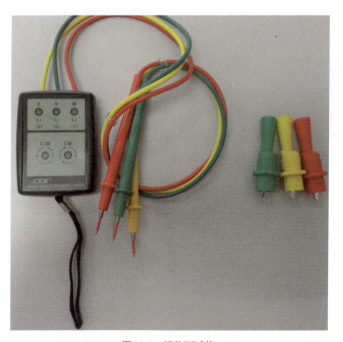

图14-8　相位测试仪

相位测试仪主要有检测相位状态和相位连续性两个功能，其使用方法如图14-9所示。

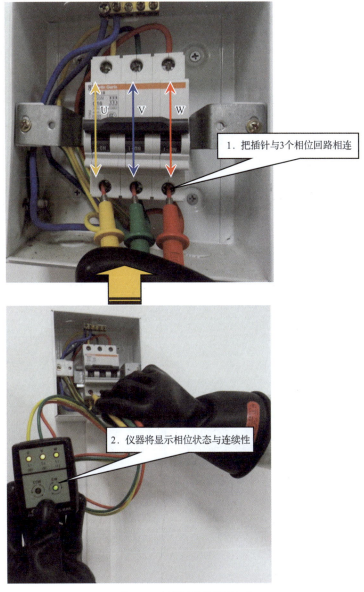

图14-9　相位测试仪使用方法

相位测试仪可以测量三种相位状态并通过 LED 的颜色与蜂鸣器的响声表示出来，如表 14-1 所示。

表14-1　相位测试仪测量项目与显示状态

项　目	相位状态检查LED	相位连续检查LED	蜂鸣器
正确相位CW	三个橙色LED均亮	绿色LED亮	间歇蜂鸣
颠倒相位CCW	三个橙色LED均亮	红色LED亮	持续蜂鸣
缺相	通电LED亮	红LED、绿LED均不亮	持续蜂鸣

正确相位 CW 的显示状态如图 14-10 所示。

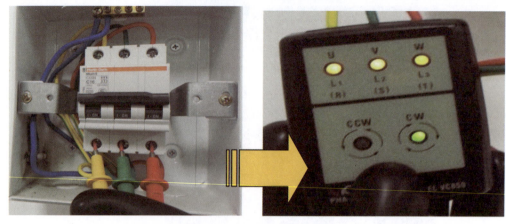

图14-10 正确相位CW的显示状态

颠倒相位CCW的显示状态如图14-11所示。

缺相时的显示状态如图14-12所示。

图14-11 颠倒相位CCW的显示状态

图14-12 缺相时的显示状态

14.2 常规检查

14.2.1 高压绝缘电路检测

下面以比亚迪秦PHEV车型为例,讲解电动汽车高压系统漏电故障的检修方法。

根据维修经验,高压系统可能漏电的模块:电动压缩机本体漏电;2号、4号、6号、8号电池模组漏电;PTC加热器漏电;驱动电机控制器及DC总成漏电;高压配电箱漏电。

高压系统报漏电故障时,确认是ON挡电报漏电故障,还是OK挡电报漏电故障;整车所有高压模块、橙色线束、漏电传感器及连接线束故障时均有可能报漏电故障码,可参考以下方法检查漏电故障。

高压系统漏电检测原理如图14-13所示。

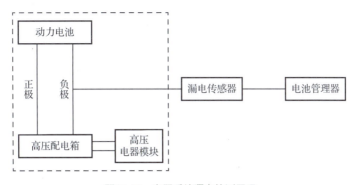

图14-13 高压系统漏电检测原理

当高压系统漏电时,漏电传感器发出一个信号给电池管理器,电池管理器检测到漏电信号后,禁止充电、放电并报警;漏电传感器检测动力电池负极及与其相连接的高压模块与车身底盘之间的绝缘电阻,来判断动力电池的漏电程度;当BMS报漏电故障时,先初步排除漏电传感器线路异常,再确认是ON挡电报漏电故障,还是OK挡电报漏电故障。

图14-14为比亚迪秦PHEV高压系统漏电检测电路。

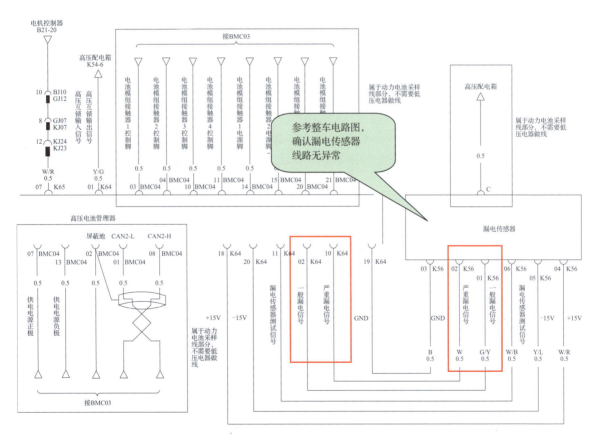

图14-14 高压系统漏电检测电路(比亚迪秦PHEV)

如果ON挡电发生漏电故障,可初步判断为动力电池漏电;具体哪个电池模组漏电,根据以下流程检查,如图14-15所示。

(1)OFF挡,拔掉8号电池模组接触器接插件,再上ON挡电,用诊断仪读取系统故障。如果不漏电,则判断8号、9号、10号电池模组漏电(根据经验,8号电池模组故障率高);如果漏电,则排除8号、9号、10

号电池模组故障，需检查1号~7号电池模组。

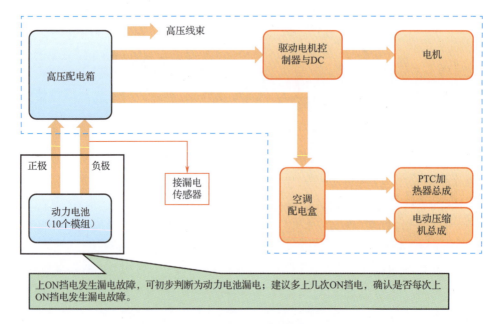

图14-15 上ON挡电发生漏电故障检查流程

（2）OFF挡，拔掉6号电池模组接触器接插件，再上ON挡电，用诊断仪读取系统故障。如果不漏电，则判断6号、7号电池模组漏电（根据经验，6号电池模组故障率高）；如果漏电，则排除6号、7号电池模组故障，需检查1号~5号电池模组。

（3）OFF挡，拔掉4号电池模组接触器接插件，再上ON挡电，用诊断仪读取系统故障。如果不漏电，则判断4号、5号电池模组漏电（根据经验，4号电池模组故障率高）；如果漏电，则排除4号、5号电池模组故障，需检查1号~3号电池模组。

（4）OFF挡，拔掉2号电池模组接触器接插件，再上ON挡电，用诊断仪读取系统故障。如果不漏电，则判断2号、3号电池模组漏电（根据经验，2号电池模组故障率高）；如果漏电，则排除2号、3号电池模组故障，判定1号电池模组漏电。磷酸铁锂电池组1号、3号、5号可以互换；2号、4号可以互换；6号、8号可以互换；7号、9号可以互换。各电池模组接触器接插件安装位置见图14-16。

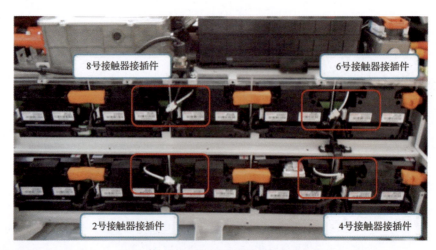

图14-16 各电池模组接触器接插件安装位置

如果上 OK 挡电发生漏电故障,可初步判断为动力电池以外的高压模块漏电;具体哪个高压模块漏电,根据以下流程检查,如图 14-17 所示。

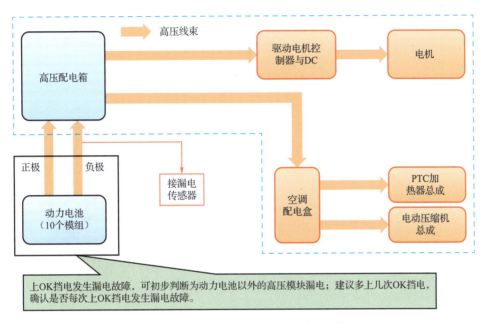

图14-17　上OK挡电发生漏电故障检查流程

(1) OFF 挡,断开紧急维修开关,再断开电动压缩机高压线束插头;装上紧急维修开关,上 OK 挡电,用诊断仪读取系统故障:如果不漏电,则判断电动压缩机漏电;如果漏电,则判断电动压缩机正常;继续断开其他高压模块。

(2) OFF 挡,断开紧急维修开关,再断开 PTC 高压线束插头;装上紧急维修开关,上 OK 挡电,用诊断仪读取系统故障:如果不漏电,则判断 PTC 漏电;如果漏电,则判断 PTC 正常;继续断开其他高压模块。

(3) OFF 挡,断开紧急维修开关,再断开空调配电盒输入端高压线束插头;装上紧急维修开关,上 OK 挡电,用诊断仪读取系统故障:如果不漏电,则判断空调配电盒及线束漏电;如果漏电,则判断 PTC 及线束正常;继续断开其他高压模块,进行检测。空调配电盒与高压线束如图 14-18 所示。

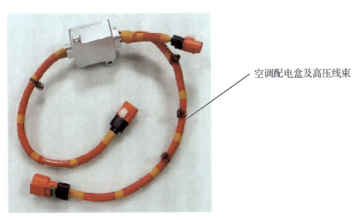

图14-18　空调配电盒与高压线束

按照以上方法,依次断开剩余高压模块,逐个判断哪个模块漏电或哪条高压线束漏电。判定一个高压模块或高压线束漏电时,尽量将高压模块或线束插头插上去确认故障是否再现,避免误判。

14.2.2　高压互锁电路检测

下面以比亚迪元车型为例，讲解高压互锁电路的检测与维修步骤。

高压互锁 1 故障分为当前故障和历史故障。

当前故障现象：车辆无法上高压电，仪表报 EV 功能受限，VDS（比亚迪汽车故障诊断仪）不可清除该故障码。

历史故障现象：不影响车辆运行，仪表无故障报警，VDS 可清除该故障码。

确认高压互锁 1 故障是 BMS 误报还是检测到外循环回路实际故障。外循环回路包含高压电控总成、维修开关、动力总成、相关线束（不同车型的高压互锁 I 外循环回路略有不同）。

（1）先确定各个部件外观完好，线束无破损，连接牢固。

（2）找到对应车型的 BMS 接插件定义，如图 14-19 所示，确定高压互锁针脚位置（4 号针脚为高压互锁输出 1，5 号针脚为高压互锁输入 1）。注意：插拔接插件一定要在车辆熄火的情况下操作。

图14-19　确定高压互锁针脚位置

（3）拔出 4 号针脚和 5 号针脚线束（拔之前记得按下固定扣，不然拔不出来；拔的时候要标记好对应线束，验证结束再分别插回去，不能插错位置），然后测量两个针脚是否导通，如不导通则不需要进行后续步骤，检查外部相关线束即可。注意：检测接插件的两个端子导通并不能确定 BMS 故障。导通只能说明线束是正常的，但对 PWM 干扰不能确定。

（4）将拔出的 4 号针脚和 5 号针脚包好，悬空即可，如图 14-20 所示。

图14-20　拔出针脚并包裹处理

（5）用短接线短接接插件的 4 号针脚和 5 号针脚，之后将接插件插入管理器，如图 14-21 所示。该步骤至关重要，短接线要安装牢固，一定要确保管理器的 4 号针脚和 5 号针脚呈导通状态。

图14-21　安装短接线并插入管理器

（6）启动车辆，用 VDS 扫描 BMS 模块，若依然报"高压互锁 1 当前故障"，则说明 BMS 故障，更换 BMS 以确认；若报"高压互锁 1 历史故障"，则说明外循环回路故障，需根据电路图检查高压互锁 1 外部循环回路（外部循环回路包含高压电控总成、维修开关、动力总成、相关线束等）。

这里分享一个比亚迪元 EV EA 车型高压互锁故障的案例：每次车辆停放几小时后无法上 OK 挡，仪表提示"EV 功能受限"，重启启动按钮后又恢复正常，行驶时一切正常。该故障的维修过程如下：

（1）故障出现时，BMS 报"P1A6000- 高压互锁 1 故障"，显示"当前故障"，故障码不能清除，如图 14-22 所示。

图14-22　系统故障码提示

（2）根据比亚迪元 EA 车型互锁示意图（图 14-23），测量 BMS 低压接插件 4 号针脚与 5 号针脚，结果导通，阻值正常，初步判断动力电池、四合一线路未断路，更换 BMS 停放几小时后故障依旧，短接 BMS 的 4 号、5 号针脚（未退针）后试车，故障依旧。

（3）将 BMS 接插件 4 号针脚、5 号针脚退针，短接 BMS 公端后，故障排除，怀疑某个高压模块有偶发性故障，分别对动力电池、高压电控总成、高压互锁针脚退针短接后试车，故障依旧。

（4）再次测量 BMS 接插件 4 号针脚、5 号针脚之间阻值，结果正常，对地阻值、对电源电压均正常，于是重

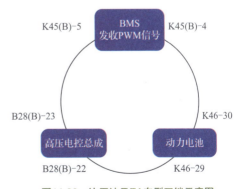

图14-23　比亚迪元EA车型互锁示意图

点检查线路,发现 KJG04 与 GJK04 有进水现象,如图 14-24 所示。将其处理后试车,故障排除。

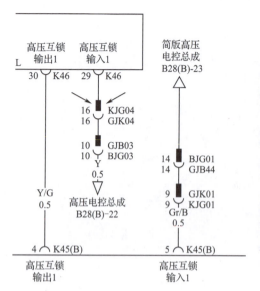
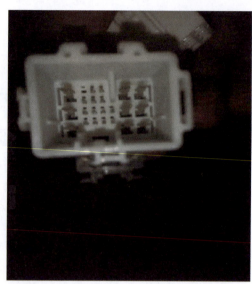

图14-24　线路接插件进水

14.3　保养项目

在正在运行的驱动电机周围工作时,应避免接触运动部件和热表面,以防受伤。检查驱动电机冷却液,如果驱动电机冷却液过脏或生锈,应排放、冲洗驱动电机冷却系统并重新加注驱动电机冷却液。让驱动电机冷却液保持适当的浓度,以使防冻、防沸、防腐性能及驱动电机运行温度正常。检查软管,更换开裂、膨胀或老化的软管。紧固卡箍,清洁散热器和空调系统冷凝器的外部,清洗加注口盖和加注口管颈。对冷却系统和口盖进行压力测试,以便确保系统运行正常。

以吉利帝豪 EV 车型为例,油液规格及容量如表 14-2 所示。

表14-2　吉利帝豪EV车型油液规格及容量

应用	容量	规格
减速器齿轮油	2.3±0.1 L	Mobil Dexron Ⅵ
制动液	445±20 mL	符合 DOT4
驱动电机水箱冷却液	6.1 L	符合 SH0521 要求的驱动电机用乙二醇型驱动电机冷却液(防冻液),冰点≤-40℃
玻璃清洗剂	2.1 L	硬度低于 205 g/1000 kg 水的或添加适量商用添加剂的水溶液
空调制冷剂	550 g	R134a

以吉利帝豪 EV 车型为例,有别于传统燃油汽车的高压系统部件保养内容及周期如表 14-3 所示。

表14-3　吉利帝豪EV车型高压系统部件保养内容及周期

总成	保养项目	保养内容	保养周期
动力电池总成	电池箱外围	电池箱体（含尾部挂梁）与车辆底盘的固定螺柱紧固	1万千米或6个月保养一次
		电池箱体（含尾部挂梁）与车辆底盘的固定螺柱腐蚀/破损	
		手动维修开关拉手及底座内部清洁度、腐蚀、破损	
		高压连接器公插与母插清洁度、腐蚀、破损	
		低压连接器公插与母插连接可靠性	
		低压连接器公插与母插清洁度、腐蚀、破损	
		电池箱箱体划痕、腐蚀、变形、破损	
		电池下箱体底部防石击胶划痕、腐蚀、破损	
	电池状态	检查电池状态参数、SOC、温度、电池单体电压	
		检查Pack绝缘阻值	
驱动电机	清洁	清洁电机外壳，保证无水渍、泥垢	1万千米或6个月保养一次
		检查管路有无老化、渗漏	
		检查水泵是否有冷却液渗漏	
	电机机械连接紧固	检测螺栓上的漆标，若漆标位置有移动，则紧固螺栓，否则不做要求	
	接地线连接	电机接地线部位的接地电阻不大于0.1Ω	
冷却系统	冷却液	检查或更换	2万千米更换一次
减速器	齿轮油	检查或更换	5万千米更换一次
车载充电机	一般检查	清洁	1万千米或6个月保养一次
		高压、低压接插件表面完好，无破损，牢固	
		接地线牢固，无松动	
驱动电机控制器	绝缘、接地、检测	绝缘电阻≥100 MΩ；接地电阻≤100 mΩ	5万千米检查一次
	不可维修，无须保养		
分线盒	无须保养		

14.4　基本维护

电动汽车基本维护的大部分项目与传统燃油汽车相同，有区别的就是动力系统，因为没有发动机，无须定期更换机油、机油滤清器、空调滤清器、火花塞、燃油滤清器等易损部件，所以电动系统的维护简单了许多。

汽车的维护基本分为检查（外观、液位与功能）、加固（按规定力矩拧紧螺栓或螺母）、调整（如轮胎换位、车轮定位）和更换（油液、空调滤清器）。

以小鹏P7为例，电动汽车维护时的检查项目如下所示。

1. 高压系统

检查电池：线束及高低压接插件有无损坏，连接是否可靠，整体外观有无变形，磕伤，进出水口有无漏液，管路有无老化破损。

检查维修开关：检查与电池连接是否牢靠。

检查前后电机：检查外观是否完好，应无磕伤、损坏及漏液现象，连接线束与接插件无老化、破损并且绝缘良好。

检查车载电源：检查连接器是否无松动，高压、低压连接线束应无老化破损，总成外观应无破损磕伤及漏液情况。

检查交流、直流充电口：插入充电枪，看充电是否正常；检查充电口有无异物，接插件是否松动，高低压线束是否老化、破损。

2. 底盘

检查压缩机与PTC线束：检查连接器是否松动，线束是否老化、破损，与车身有无干涉。

检查前后电机支撑胶：应无老化破损，如有须更换副车架总成。

检查电子驻车制动：将车辆行驶至15度坡道，将制动停车挂入N挡，启动电子驻车，释放制动踏板，观察驻车是否充分，有无下滑现象。释放电子驻车，若行车中指示灯亮，则为残余力过大。

检查制动液液位：正常的制动液液位应处于MAX（最大）和MIN（最小）之间。

检查制动管路：检查管路（软管）有无老化和破损；车辆上电，将制动踏板踩到底并保持5秒，观察有无制动液泄漏情况。

检查制动踏板行程：将车辆下电，踩踏制动踏板多次，直到不存在真空。从制动踏板自然垂直状态到用手指按压有阻力的距离为自由行程，正常为6.3 mm。

检查制动开关：踩下制动踏板，观察制动灯是否亮起。

检查转向盘自由行程：将车停在水平地面，车轮朝向正前方，转动转向盘，检查自由行程，正常最大为30 mm。

检查转向轴与防尘罩：检查上下轴螺栓是否紧固良好、防尘罩有无损坏。

检查横拉杆球头与防尘罩：晃动横拉杆，检查有无间隙，检查球头固定螺母是否牢固，检查防尘罩是否损坏。

检查减速器润滑油：在常温下旋开前桥、后桥减速器观察螺塞，如有润滑油流出则正常，如无润滑油流出则需加注直至润滑油流出。螺塞拧紧力矩为52 N·m。

检查轮胎：检查胎面，如发现有中心或双边磨损情况，则调整胎压；如有单边或锯齿形磨损，则检查车轮前束及外倾角并调整，检查胎纹深度，保证沟槽深度高于磨损标记厚度。

检查车轮螺母：检查螺母是否缺失或损坏，以对角交叉方式拧紧，拧紧力矩为110 N·m。

检查悬架组件：目检连接衬套是否老化破损，目检各个连接部件是否变形，有裂纹、干涉、松动，检查减震器是否漏油。

3. 电器

检查灯光：两人作业，检查前大灯与尾灯。前大灯：日间行车灯、位置灯、近光灯、远光灯、高度调节、转向灯（及外后视镜转向灯）、危险警告灯（及外后视镜转向灯）。尾灯：位置灯、后雾灯、转向灯、制动灯、高位制动灯、倒车灯、牌照灯、危险警告灯（后雾灯在近光灯或AUTO挡情况下开启）。检查车内灯功能。

检查多功能转向盘：检查按钮动作是否顺畅，不卡滞，在大屏上选择转向盘助力（轻柔、标准、运动）模式，转向盘助力应随模式依次增加。

检查座椅记忆与调节：通过大屏"车辆控制—常用—座椅调节按钮"进入控制界面，点击按钮1、2、3，储存当前座椅位置，保存后点击"恢复"，提取座椅位置信息。调节在大屏上进行或使用座椅按钮，座椅动作与调节方向一致，且运行顺畅，无卡滞。

检查电动门锁：通过左前门控制面板开关闭锁与解锁按键检查车辆四门是否同步执行闭锁与解锁动作。

检查电动车窗：调节四门车窗的升降，玻璃在动作过程中应无异响、抖动与卡滞。用左前控制开关禁用乘客侧玻璃升降时，乘客侧玻璃升降开关应无效。

检查电源与USB：通过12 V车用电器检测供电是否正常。用USB接口用具检测USB供电及数据读取是否正常。

检查扬声器：按压扬声器开关，检测扬声器功能。

检查大屏：查看大屏4G网络信号、通信信号、充电管理界面等是否正常，打开导航、多媒体应用、蓝牙与电话通信、语音识别等功能，看是否正常。

检查内外后视镜：镜面应完好，调节应灵敏。

检查刮水器与洗涤器：如前挡风玻璃两个喷射区在不同角度时，可以用镊子微调喷嘴的喷射方向，刮水器接口的正确安装位置应与前挡风玻璃下边三个小圆点重合，如图14-25所示。

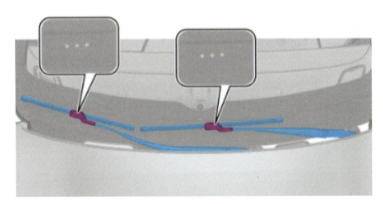

图14-25 刮水器接口的安装位置

检查洗涤液：洗涤液为易耗品，应定期（两周或一个月一次）检查，不足时及时添加。

检查故障码：连接车辆诊断仪，车辆上电，按诊断仪提示，读取故障码。如显示当前有故障码，则须排除故障，清除历史故障信息，重启车辆，等待5 s后再次读取故障码，没有当前故障码，则故障排除。

检查并清洁空调排水管：夏季来临前，应检查冷凝水排水管有无堵塞，拆下排水管，用高压气枪清除内部杂质。

4. 车身

检查并润滑车门锁、车门限位器与铰链：在各个部位涂抹润滑脂，并操作车门开启、闭合，使之运行顺畅。

检查前后盖撑杆：检查是否能正常支撑，卡扣是否安装到位，有无泄压、漏油现象。

检查安全带：完全拉出安全带，检查是否脏污、撕裂、扯破或擦伤；用力迅速拉出安全带，检查自动回卷装置锁止功能是否正常，检查插扣总成功能是否正常。

电动汽车维护时需要加固的部位如下所示。

（1）如图14-26所示，紧固电池螺栓。电池固定螺栓A与螺栓B的拧紧力矩为70 N·m。

（2）紧固车载电源，4个紧固螺栓的拧紧力矩为35 N·m。

（3）紧固底盘螺栓。以减震器为例，如图14-27所示，紧固前减震器与车身固定螺母，力矩为30 N·m。紧固滑柱下叉与前减震器总成固定螺栓（母），力矩为100 N·m。紧固滑柱下叉与前横拉杆总成固定螺栓（母），力矩为70 N·m，方向为180°。

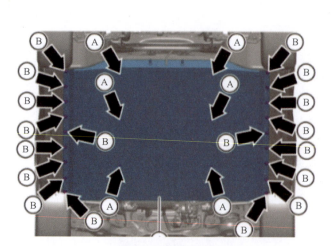

图14-26 紧固电池螺栓

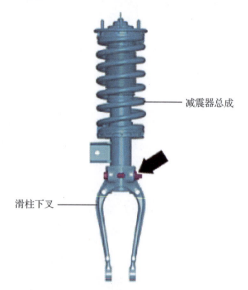

图14-27 紧固减震器与车身固定螺母

（4）检查电池。如图14-28所示，安装电池正极夹3，紧固螺栓C，力矩为6N·m；安装电池负极夹，紧固螺栓A，力矩为11N·m。螺栓B拧紧力矩为6N·m。

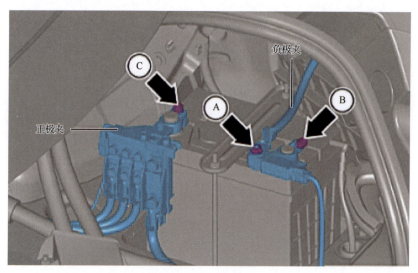

图14-28 检查电池

电动汽车需要进行电气或机件检查的项目如下所示。

（1）检查电池电压。在电池两天未充放电的情况下，使用万用表测量静态电压。静态电压大于或等于12.6V时，为正常，当小于11V时，应对电池充电。

（2）检查制动盘。如图14-29所示，使用千分尺测量制动盘厚度：前制动盘为30mm（磨损极限28mm）；后制动盘为20mm（磨损极限18mm）。如达到极限值，则须更换制动盘。

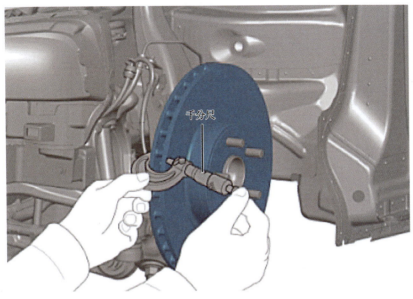

图14-29 检查制动盘

（3）检查制动摩擦片。如图14-30所示，用游标卡尺测量摩擦片厚度：前摩擦片为9 mm（磨损极限2 mm，不包括背板）；后摩擦片为10 mm（磨损极限2 mm，不包括背板）。

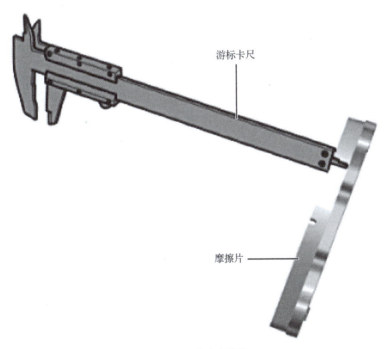

图14-30 检查摩擦片

（4）检测故障码。如图14-31所示，连接车辆诊断仪，将车辆上电，按照诊断仪提示查询故障信息，如显示当前故障码，则须排除故障。将历史故障信息清除后，重启车辆，等待数秒后再次读取故障码，确保没有当前故障码。

图14-31 检测故障码

电动汽车需要进行调整和更换的操作如下所示。

（1）车轮换位。车辆每行驶5000～8000 km进行一次车轮换位。后驱车型：将左前轮与右后轮调换，将右前轮与左后轮调换，或者，将左后轮与左前轮调换，右后轮与右前轮调换。四驱车型：前后左右轮胎交叉对调。

（2）制动液更换。旋松制动卡钳排气螺栓，连续踩动制动踏板，排空旧制动液，加入新制动液并连续踩制动踏板，直到新的制动液从排液口流出。排气螺栓拧紧力矩为40 N·m。按图14-32顺序对4个制动分泵的制动液进行更换。

（3）制动系统排气。制动分泵更换制动液后，必须对制动系统排气，然后再添加制动液到制动液罐中。进行排气时确认储液罐中制动液高于MAX标线。将塑料软管插入制动钳排气螺栓，另一头放入干净容器。由一名协助者缓慢踩制动踏板几次，然后施加持续不变的压力，松开制动卡钳上的排气螺栓，使空气从系统中释放出来，拧紧排气螺栓。继续重复以上步骤，直到空气排尽。按图14-33的顺序对每个车轮制动液进行排气操作，直到制动液中没有空气为止。

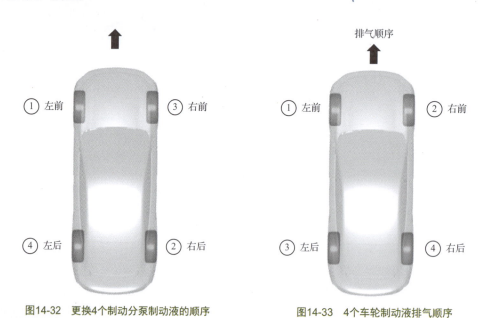

图14-32 更换4个制动分泵制动液的顺序　　图14-33 4个车轮制动液排气顺序

（4）更换前桥、后桥减速器润滑油。旋出加油、放油螺塞，排放废油，拧紧放油螺塞（力矩为52 N·m）；

加注润滑油（前桥 0.9±0.1 L，后桥 1.0±0.1 L），拧紧加油螺塞（力矩为 52 N·m）。

（5）更换刮水片。将车辆上电，在大屏设置菜单中开启"刮水器维修模式"。如图 14-34 所示，用手指按压刮水片锁止按钮，沿箭头方向拆下刮水片。安装完成后，将车辆上电并短时操作刮水臂，使车窗玻璃刮水器重新置于末端位置。

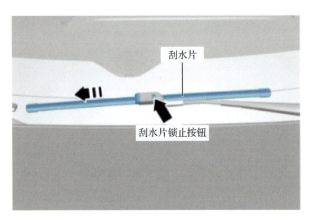

图14-34　拆下刮水片

（6）更换空调滤清器。如图 14-35 所示，打开手套箱，取下阻尼器与手套箱固定卡扣 A，顺时针或逆时针旋转，取下手套箱盖的固定卡扣 B，取下卡扣并打开滤清器盖，取出旧的空调滤清器并更换。

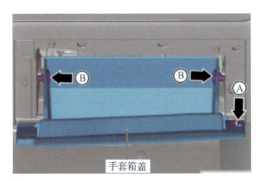 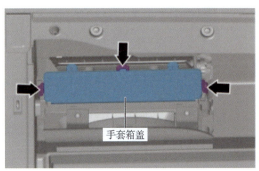

图14-35　更换空调滤清器

（7）更换温控系统冷却液。关闭所有用电器，将车辆下电，断开电池负极，拆卸手动维修开关、前舱底部后护板、护板电池安装支架总成，然后更换冷却液。首先旋出膨胀水壶盖（待冷却液降至环境温度后再打开），将收集器置于车辆底部，松开固定卡箍，脱开电池出水管与电池的连接，排放冷却液。如不能将冷却液完全排放，则可使用压缩空气加压（加压压力不可超过 0.2 MPa）。

在加注冷却液时，必须使用诊断仪进入"加注模式控制"，并缓慢加入冷却液。将车辆上电，在诊断仪连接后选择"模块诊断"，接着点击"HVAC"，再点击"动作测试"，接着点击"加注模式控制"，此时膨胀壶液面如果下降，就需要补充冷却液。冷却液加注量：后驱车型为 16 L，四驱车型为 18 L。冷却液加注完成后，必须保持"加注模式控制"5～10 min，同时观察液位，确保位于 MAX 与 MIN 线之间。

第15章 动力电池维修

15.1 电池维护

我们以比亚迪唐电动汽车为例,介绍对电动汽车电池(包)的维护。比亚迪唐动力电池安装位置如图 15-1 所示。

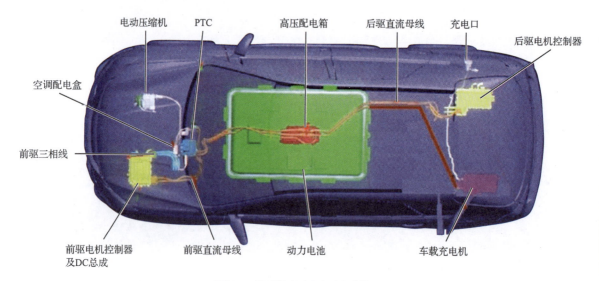

图15-1　比亚迪唐动力电池安装位置

1. 维护保养计划

电池维护保养计划如表 15-1 所示。

表15-1　电池维护保养计划

维护保养项目	维护保养周期	适用范围
外观检查	每6个月或5万km	动力电池
绝缘电阻测试	每6个月	独立动力电池
容量测试及校正	每6个月或5万km	动力电池

2. 动力电池外观检查

对动力电池外观的检查主要针对动力电池托盘的底部。检查步骤如下:

(1)将汽车停在举升机两柱之间。

(2)举升汽车,高度1.2 m 左右,观察动力电池托盘边缘及底部。

(3) 检查托盘边缘有无开裂、液体流出,托盘底部有无凹陷变形。
(4) 确定无问题后放下汽车。

3. 容量测试及校正

(1) 放电至下限保护电压(单体电压2.2V),即SOC为0%。
(2) 电至上限保护电压(单体电压3.8V),即SOC为100%。
(3) 记录充入的容量C。
(4) 充电结束后,拔掉充电器,关闭充电口舱门。
(5) 连接VDS1000,将标称容量更改为C。

下面介绍电池标称容量标定方法,以比亚迪唐为例:
(1) 确认电池标称容量(品检代号)、SOC。
(2) 进入系统标定设置。其操作界面如图15-2所示。
注:品检代号命名规则:A为0,B为1,C为2……

 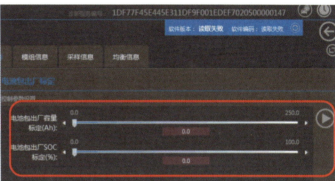

图15-2 比亚迪唐电池(包)容量标定操作界面

另一种电池出厂容量标定的操作界面如图15-3所示。

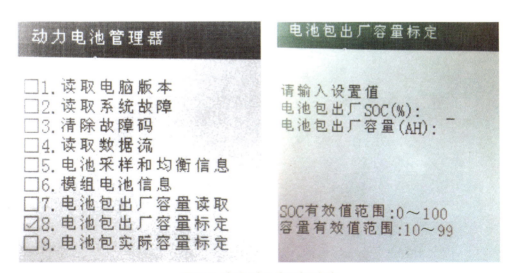

图15-3 电池(包)出厂容量标定

4. 独立动力电池的维护和保养

独立动力电池模块接口插件如图15-4所示,对独立动力电池模块的维护和保养如表15-2所示。

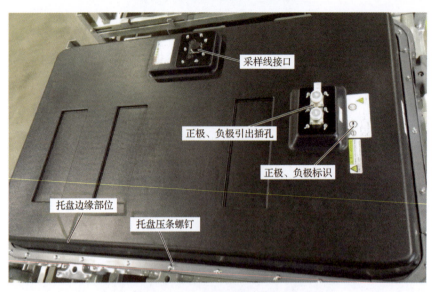

图15-4 独立动力电池模块接口插件

表15-2 对独立动力电池模块的维护和保养

标 准	不符项处理措施
密封盖无裂痕，无凹陷、凸起等变形	更换
托盘边缘无变形	更换
托盘压条螺钉无松动	重新紧固
正极、负极标识和高压警示标识清晰，无破损	更换标识
正极、负极引出插孔内无异物	用气枪清理异物
正极、负极引出插孔附近螺栓无断裂	更换
采样线接口无破损	更换

5. 高压电池事故急救措施

电动汽车或高压电池起火时，请根据实际情况，进行下列操作。

（1）将车辆退电至OFF挡，并在条件允许的情况下断开12 V低压电池。

（2）断开维修开关。

（3）就近寻找灭火器（请勿使用水基型灭火器）。

（4）如果车辆起火，火势较小，请使用干粉灭火器灭火，并立即拨打求救电话。

（5）如果火势较大，发展较快，请立即远离车辆，拨打火警电话，等待救援。

如果高压电池发生泄漏（有明显液体流出），请按照以下方法处理。

（1）请将车辆退电至OFF挡，在条件允许的情况下断开前舱12 V低压电池。

（2）断开维修开关。

（3）发生少量液体泄漏时，请远离火源，使用吸水布吸附后置于密闭容器中，或采用焚烧方式处理，操作前请佩戴防酸碱手套。

（4）发生大量泄漏时，请统一收集泄漏液体，按照危险化学品处理，可加入葡萄糖酸钙溶液来处理产生的气体（HF）。

（5）当人体不慎接触泄漏液体时，应立即用大量水冲洗 10 ~ 15 min，如果有疼痛感可用 2.5%的葡萄糖酸钙软膏涂敷，或用 2% ~ 2.5% 的葡萄糖酸钙溶液浸泡止痛，若无改善或出现不适症状，请立即就医。

15.2 电池拆装

我们以小鹏 P7 电动汽车为例，介绍电动汽车电池的拆装。小鹏 P7 动力电池紧固件力矩参数如表 15-3 所示。

表15-3 小鹏P7动力电池紧固件力矩参数

作业	紧固件规格	拧紧力矩（N·m）
锁紧从电池至车身两侧	六角法兰面螺栓M10×50	70
预紧并锁紧从电池中部至车身	六角法兰面螺栓M10×125	70
紧固从等电位铜排总成至车身及电池	六角法兰面自排屑搭铁螺栓M6×16	10
	六角法兰面螺栓M6×20	10
将低压线束、高压线连接至电池	六角法兰面螺栓M5×16	5
将检修口盖安装到车身后部地板	六角法兰面螺母M6	8
连接高压线束至电池	六角法兰面螺母M6	5
将电池线束从两驱前装配至车身	六角法兰面螺母M6	6

进行高压系统维修作业前，穿戴好绝缘保护设备，包括绝缘手套、绝缘鞋和面罩。电池如果长时间处于炽热的环境中会导致性能下降。为汽车烤漆时，在 70℃温度下不要超过 30 min，在 80℃温度下不要超过 20 min。若因为电池问题更换 BMS 或者更换电池，更换后需要在 BMS 控制器中重新写入 VIN 信息。

拆卸电池步骤如下所示：

（1）关闭所有用电器，将车辆下电。
（2）断开电池负极极夹。
（3）拆卸手动维修开关。
（4）排放冷却液。
（5）拆卸前舱底部护板总成。
（6）拆卸前舱底部护板电池安装支架总成。
（7）拆卸备胎池护板总成。
（8）拆卸备胎池护板电池安装支架总成。
（9）拆卸左右后轮导流板。
（10）拆卸左右侧裙板总成。
（11）拆卸电池。

如图 15-5 所示，断开高压线束插头。旋出电池高压线束固定螺母（箭头 A），断开电池高压线束连接插头（箭头 B）。螺母拧紧力矩为 5 N·m。

如图 15-6 所示，揭开后座椅隔音垫。脱开固定卡扣（箭头 A），沿箭头 B 方向揭开后座椅下隔音垫总成。

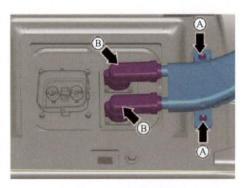
图15-5 断开高压线束插头

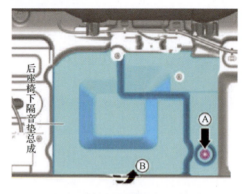
图15-6 揭开后座椅隔音垫

如图15-7所示,拆下检修口盖。旋出固定螺母(图中箭头所示),拆下检修口盖组件。螺母拧紧力矩为8N·m。

如图15-8所示,断开低压连接插头。旋出固定螺栓(箭头A),拆下电池高压接插件。断开电池低压连接插头(箭头B、箭头C)。螺栓拧紧力矩为5N·m。

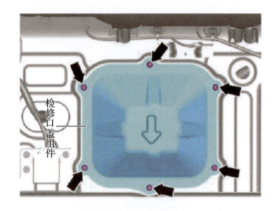
图15-7 拆下检修口盖

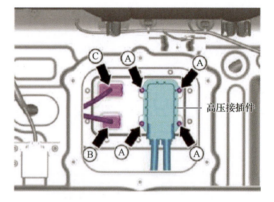
图15-8 断开低压连接插头

如图15-9所示,拆卸出水管。松开固定卡箍(箭头A),脱开电池出水管与电池的连接。

松开固定卡箍(箭头B),脱开冷却器出水管与电池的连接。

提示:拆卸水管前,将接收冷却液的容器放置在电池出水管和冷却器出水管下面。

宝马i3高压电池
拆卸步骤

宝马i3高压电池
拆卸前工作

宝马i3高压电池
拆装注意事项

宝马i3高压电池
模块拆装

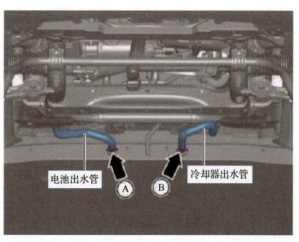
图15-9 拆卸出水管

如图 15-10 所示,取出等电位铜排。旋出固定螺栓(图中箭头所示),取出等电位铜排。螺栓拧紧力矩为 10 N·m。

如图 15-11 所示,拆下电池。使用电池拆装工具支撑电池。

旋出电池固定螺栓(箭头 A、箭头 B)。

调节电池拆装工具,缓慢地放下电池。螺栓拧紧力矩为 70 N·m。

图15-10 取出等电位铜排

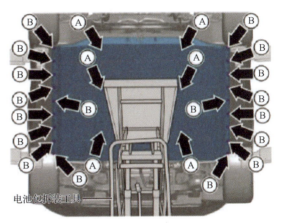

图15-11 拆下电池

注意:车下操作,要穿戴好安全帽、安全鞋和手套。使用电池拆装工具支撑电池时,注意观察是否支撑稳定。将电池移出车辆时,严禁接近升降车,防止其侧滑伤人。

安装电池的步骤与上述步骤相反,注意下列事项:

(1)按规定力矩紧固电池,固定螺栓。

(2)安装完成后,加注冷却液。

(3)如更换电池,用诊断仪进行"BMS 整包更换"。

(4)如只是更换 BMS 模块,则用诊断仪进行"模块更换"。

(5)使用诊断仪结束"模块更换"时,诊断仪会报写入值与读取值不一样的故障提示,可忽略。

(6)如果"模块更换"失败,则需要进入 BMS"标识",读取所有旧数据并记录,在 BMS 的"参数写入"中逐一写入,再把 VCU 的"参数写入"操作写入。

15.3 电池检测

我们以比亚迪汉 EV 车型为例,介绍电动汽车电池检测。

1. 动力电池低压连接器端子定义

比亚迪汉 EV 动力电池低压接插件端子分布如图 15-12 所示,低压接插件端子功能定义如表 15-4 所示。

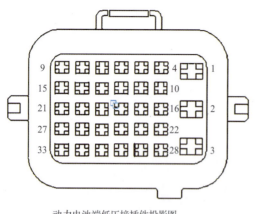

动力电池端低压接插件投影图

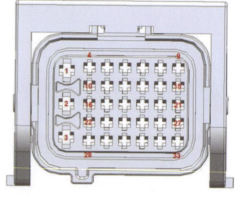

整车线束端接插件投影图

图15-12　比亚迪汉EV动力电池低压接插件端子分布

表15-4　低压接插件端子功能定义

序号	接口定义	序号	接口定义	序号	接口定义	序号	接口定义	序号	接口定义
1	NC	8	直流充电CAN_L	15	直流充电CAN_H	22	碰撞信号	29	IG3电
2	NC	9	直流充电CAN屏蔽	16	IG3电地	23	12V常电地	30	OBC-BMC信号
3	NC	10	动力网CAN_L	17	动力网CAN_H	24	直流充电负极接触器	31	直流充电负极接触器
4	12V常电	11	动力网CAN屏蔽地	18	高压互锁输出1	25	CC信号	32	CC2信号
5	IG3电	12	IG3输出	19	（VTOV）接触器控制	26	直流充电辅助电源唤醒A+	33	NC
6	电池子网CAN_H	13	高压互锁输入1	20	直流充电口温度2+	27	NC	—	—
7	电池子网CAN_L	14	直流充电口温度1+	21	直流充电口温度1-/2-	28	NC	—	—

2. 动力电池漏电检测方法

（1）准备所需工具：

① 万用表，需内阻10MΩ、精度三位半（含）以上。

② 100kΩ以上电阻（推荐1MΩ）。

③ 比亚迪E80060放电设备。

（2）将车辆断电：

① 将车辆电源退电至OFF挡，静置5分钟。

② 断开低压电池负极。

③ 断开动力电池正极与负极母线。

（3）使用比亚迪E80060放电设备给电池低压供电。

（4）测量动力电池输出母线正极端子对托盘电压V+，如图15-13所示。

（5）测量动力电池输出母线负极端子对托盘电压V-；如图15-14所示。

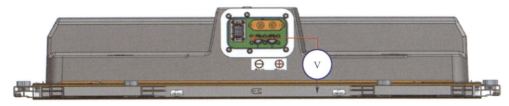

图15-13 测量V+电压

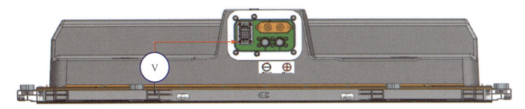

图15-14 测量V−电压

（6）比较 V+ 和 V−，选择电压绝对值大的进行下一步。将电压高的极柱对地电压记录为 V_1，将电压低的对地极柱电压记录为 V_0。（例如，V+ > V−）

（7）在万用表正负表笔之间连接电阻 R（100 kΩ 以上电阻，推荐 1 MΩ）重测 V_1，将测得结果记录为 V_2，如图 15-15 所示。

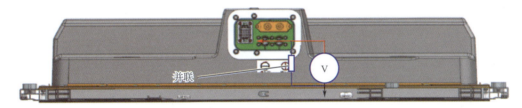

图15-15 并联电阻后测量

（8）按照以下公式计算绝缘阻值：

$$\frac{\frac{V_1-V_2}{V_2} \times R \times \left(1+\frac{V_0}{V_1}\right)}{电池最大工作电压} > 500 \ \Omega/V \qquad 不漏电$$

$$\frac{\frac{V_1-V_2}{V_2} \times R \times \left(1+\frac{V_0}{V_1}\right)}{电池最大工作电压} \leqslant 500 \ \Omega/V \qquad 漏电$$

注意：电池最大工作电压 = 车辆铭牌上动力电池系统额定电压 ×1.15

图 15-16 为测试电压和电阻示例。

用图中测量数值计算：

（266.4−266.3）÷266.3×1009000×（1+62.9÷266.4）÷（330×1.15）=1.234（Ω/V）<500 Ω/V（漏电）

3. 无电压输出故障检修

（1）将车辆断电：

① 将车辆电源退电至 OFF 挡，静置 5 分钟。

② 断开低压电池负极。

③ 断开动力电池正极与负极母线。

正极对地 266.4 V

负极对地 62.9 V

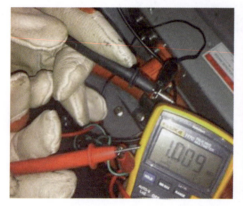

并联电阻 1.009 MΩ

并联电阻后正极对地 266.3 V

图15-16 测试电压和电阻示例

（2）使用比亚迪 E80060 放电设备为电池低压供电。

（3）测量动力电池输出母线正极与负极端子之间的电压，无电压及小于 2/3 额定电压为内部回路异常。

4. 低压端子检测参数

比亚迪汉 EV 车型 BIC 通信、BMS 通信、充电异常、互锁异常等故障可参照表 15-5 确定。

表15-5　比亚迪汉EV车型低压接插件端子参数

端子号	端口名称	测量工况	正常值
4	12 V常电	任何挡位	9～16 V
5	IG3 电	ON挡	9～16 V
8	直流充电CAN_L	直流充电	1.5～2.5 V
9	直流充电CAN屏蔽地	始终	小于 1 V
10	动力网CAN_L	ON挡	1.5～2.5 V
11	动力网CAN屏蔽地	始终	小于 1 V
12	直流充电正极与负极接触器电源（IG3）	ON挡	9～16 V
13	高压互锁输入 1	ON挡	PWM 脉冲信号
14	直流充电口温度 1+	ON挡	0.5～200 kΩ
15	直流充电CAN_H	直流充电	2.5～3.5 V
16	IG3 电地	始终	小于 1 V
17	动力网CAN_H	ON挡	2.5～3.5 V

续表

端子号	端口名称	测量工况	正常值
18	高压互锁输出 1	ON 挡	PWM 脉冲信号
19	（VTOV）接触器控制	直流 VTOV 放电	断开状态：9～16 V 吸合状态：小于 1 V
20	直流充电口温度 2+	ON 挡	0.5～200 kΩ
21	直流充电口温度 1-/2-	配合引脚 14、20 测试	
22	碰撞信号	ON 挡	PWM 脉冲信号
23	12 V 常电地	始终	小于 1 V
24	直流充电正极接触器控制	直流充电	断开状态：9～16 V 吸合状态：小于 1 V
25	CC 信号	交流充电	小于 2.9 V
26	直流充电辅助电源唤醒 A+	直流充电	9～16 V
29	IG3 电	ON 挡	9～16 V
31	直流充电负极接触器控制	直流充电	断开状态：9～16 V 吸合状态：小于 1 V
32	CC2 信号	直流充电	2.1～3.0 V

15.4　电池故障排除

1. 温度类故障

一般故障表现形式：车辆上不了 OK 挡，仪表提示动力电池温度过高。出现温度示警后，首先需排除管理器、连接线束等因素（更换管理器、管理器与电池连接采样线束）；更换后若故障仍存在，则为动力电池故障。

2. 动力电池漏电故障

一般故障表现形式：仪表 OK 灯不亮，仪表提示检查动力系统，高压系统漏电故障。

断开电池与车身所有连接（正负极引出、采样线接口），闭合维修开关，用万用表测试电池各项参数：

（1）闭合维修开关。

（2）使用万用表测量动力电池总电压 V。

（3）使用万用表测量正极与车身电压 V_1。

（4）使用万用表测量负极与车身电压 V_2。

（5）将万用表笔更换为并联定值电阻表笔，并将挡位拨至电阻挡，测量定值电阻值 R。

（6）将万用表挡位拨回直流电压挡，测量并联电阻后的正极与车身电压 V_1'。

（7）测量并联电阻后的负极与车身电压 V_2'。

（8）测量结束后，断开维修开关。

分别用以下公式计算：

两者中的最小值为绝缘电阻（在计算过程中，V、V_1、V_1'、V_2、V_2' 的单位为伏特，R 的单位为欧姆）。绝缘电阻值小于 500 Ω/V，为漏电。

$$R_1 = \frac{V_1 - V_1'}{V_1'} \times \frac{R}{V} \quad \text{和} \quad R_2 = \frac{V_2 - V_2'}{V_2'} \times \frac{R}{V}$$

测量正极、负极对采样线接口 12 V– 电压,如图 15-17 所示。

测量正极、负极对采样线接口 12 V– 正常电压 <1 V,正极、负极任意一侧与 12 V– 电压大于 20 V,即可判断为温度传感器漏电。

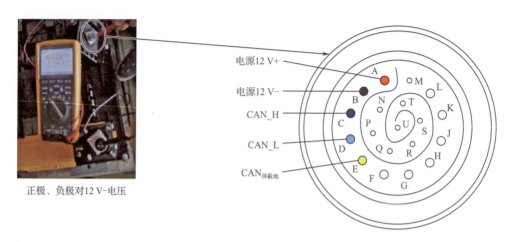

图15-17　检测采样线电压

3. 采集器通信超时故障

故障案例:车辆无法上高压电,挂挡不走。用诊断仪检测电机控制器,无故障码,检测高压电池管理器,均报 0~9 号采集器通信异常,如图 15-18 所示。

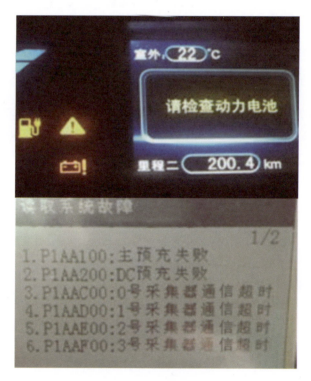

图15-18　故障读取信息示例1

检测电池采样线,无 12 V 输入,CAN_H 与屏蔽地阻值大于 1 MΩ;CAN_H 与 CAN_L 为 123 Ω。动力电池采样端子阻值如下:

（1）X-12 V+ 与 X-12 V- 电压：12 V 左右（注：此为线束端的测量值）。

（2）CAN_H 与 CAN_L 阻值：122 Ω 左右。

（3）CAN_H 与屏蔽地阻值：正常值 >1 MΩ。

（4）CAN_L 与屏蔽地阻值：正常值 >1 MΩ。

（5）电池正极与 X-12 V+ 电压：正常值 <20 V。

（6）电池负极与 X-12 V- 电压：正常值 <20 V。

（7）电池正极与负极（电池总电压）。

4. 动力电池严重不均衡故障

故障案例：E6 充满电后只能行驶 80 kM 左右，诊断仪读取故障码为"P1AB800：BIC 均衡硬件严重失效""P1ABA00：电池严重不均衡"，如图 15-19 所示。

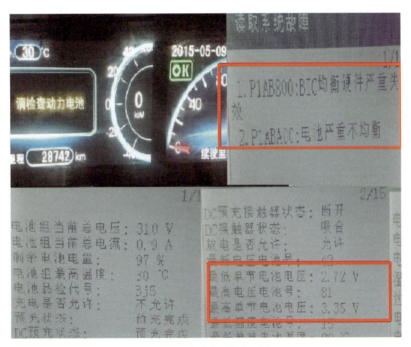

图15-19　故障读取信息示例2

检查方法：

（1）对车辆完全充电和放电一次。

（2）调换 BMS，测试 80%、50%、0% 单体（节）电池电压数据，观察最低电池电压号是否一致。

结果故障依旧，解决方法是更换动力电池。

5. 动力电池SOC跳变故障

故障案例：

车辆在高速行驶时 SOC 从 68% 迅速跳至 0%，用诊断仪读取最低单体电池电压为 2.10 V，最高单体电池电压为 3.33 V，如图 15-20 所示。

故障排查：

（1）经检查，发现计算机上位机读取数据显示第 37 个单体电池电压严重过低。

（2）调换 BMS，最低单体电池仍为第 37 个，排除 BMS 故障。

（3）举升车辆，发现电池托盘有被撞击的痕迹，如图 15-21 所示。撞击部位与第 37 个单体电池所处位置吻合，可判断此故障为撞击导致，更换电池总成后，故障排除。

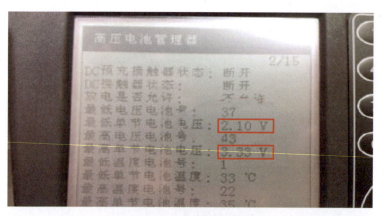

图15-20　单体电池电压

图15-21　电池托盘被撞击的痕迹

第16章
充配电系统维修

16.1 高压配电箱拆装

我们以比亚迪宋 DM 车型为例,讲解电动汽车高压配电箱的拆装。预充接触器、熔断器可以直接更换,高压配电箱内部结构如图 16-1 所示。

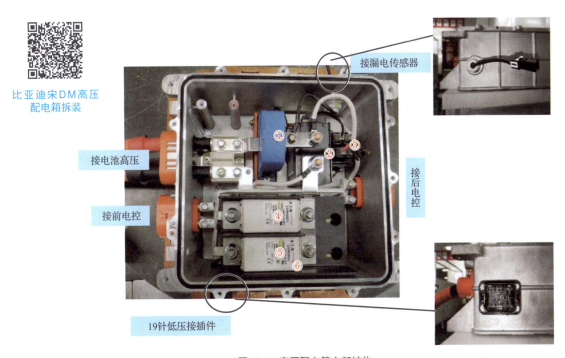

图16-1 高压配电箱内部结构

预充接触器与 200 A 主熔断器可以直接更换,其操作步骤如图 16-2 所示。

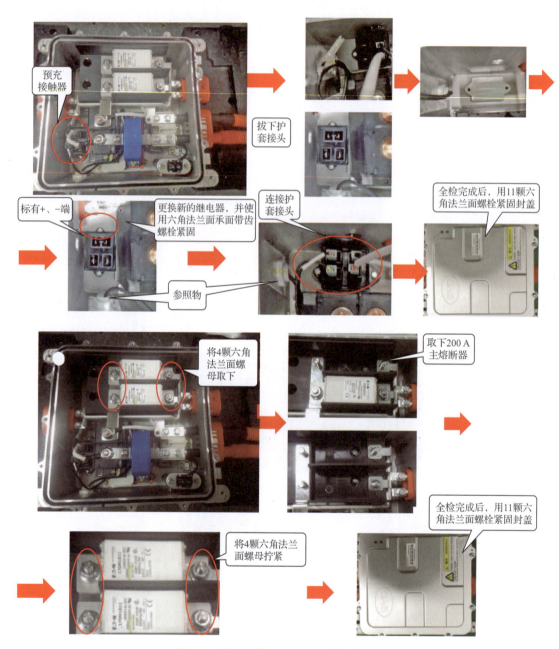

图16-2 预充接触器与200 A主熔断器更换步骤

更换主接触器、电流传感器和预充电阻时，必须先拆除200 A主熔断器，其步骤如图16-3所示。

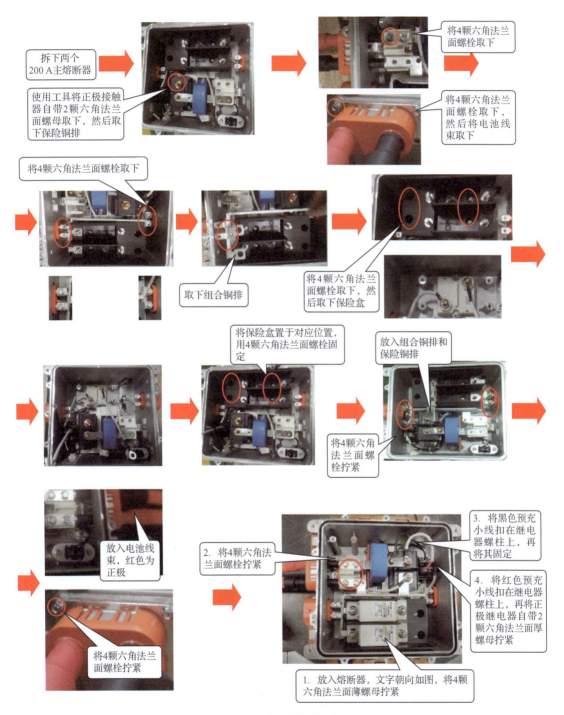

图16-3 主熔断器拆除步骤

预充电阻的更换步骤如图 16-4 所示。

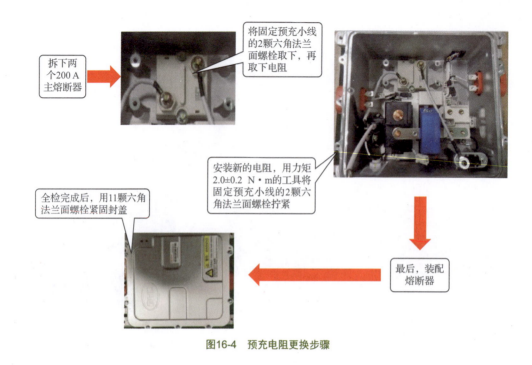

图16-4　预充电阻更换步骤

更换主接触器与电流传感器的步骤如图 16-5 所示。

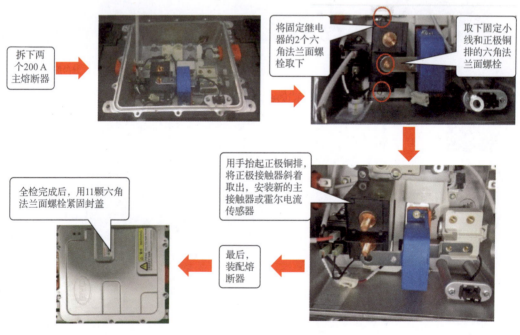

图16-5　主接触器与电流传感器更换步骤